VIE

DE

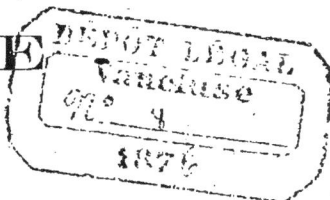

LA MÈRE VINCENT

RELIGIEUSE HOSPITALIÈRE DE St-JOSEPH

PAR

l'Auteur du *Compagnon de notre exil*

~~~~~~~~~

AVIGNON

F. SEGUIN AÎNÉ, IMPRIMEUR-LIBRAIRE

13, rue Bouquerie, 13

--

1875

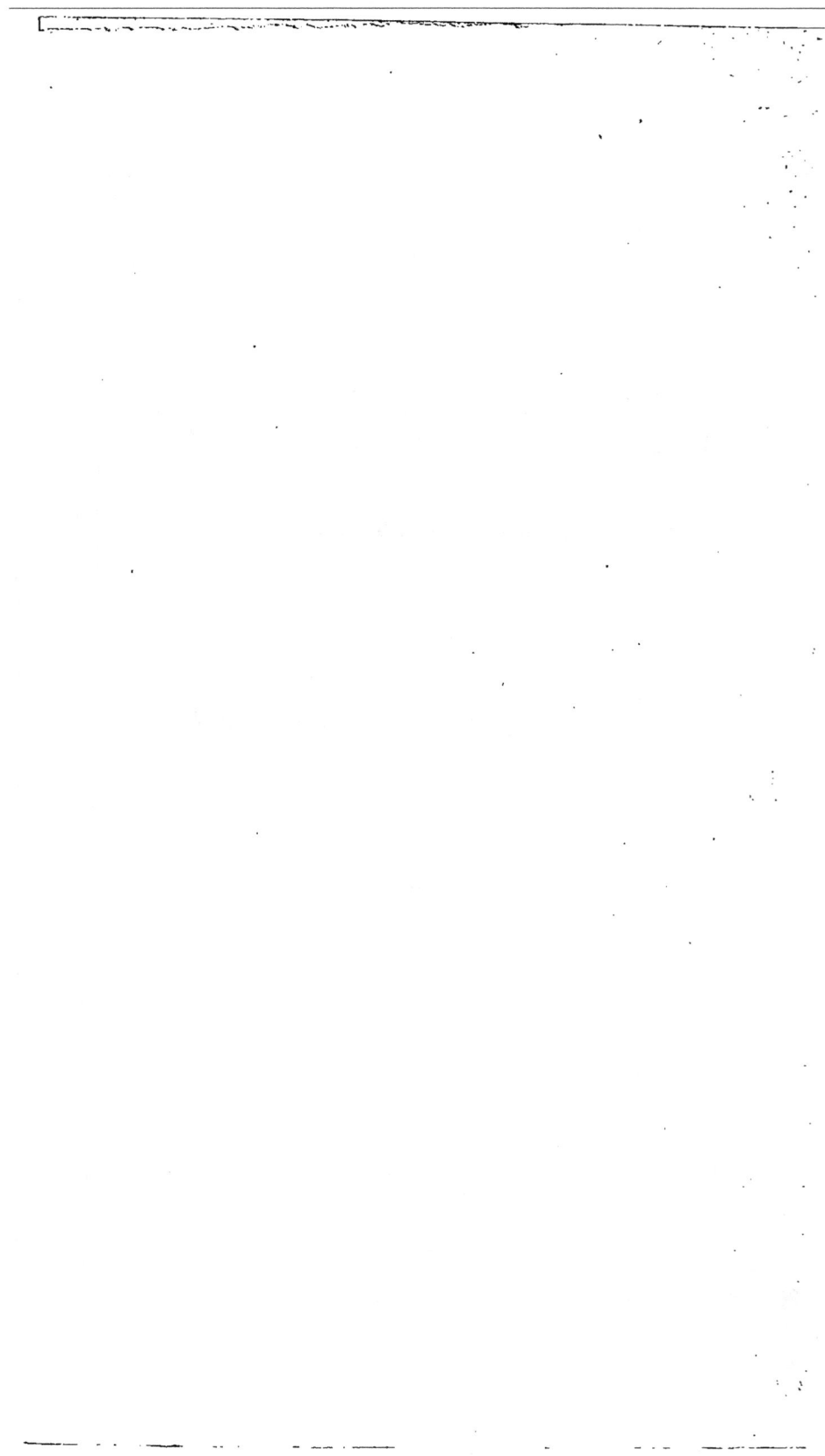

VIE

DE

LA MÈRE VINCENT

VIE

DE

LA MÈRE VINCENT

RELIGIEUSE HOSPITALIÈRE DE St-JOSEPH

PAR

l'Auteur du *Compagnon de notre exil*

—◦◦◦◦◦◦—

AVIGNON

F. SEGUIN AÎNÉ, IMPRIMEUR-LIBRAIRE

13. rue Bouquerie. 13

—

1875

AVIS

Nous ne ferons précéder d'aucune préface cette notice sur la vie et les vertus d'une sainte religieuse ; le lecteur n'aura point de peine à saisir l'enseignement qui se dégage de ces pages ; il y verra que Dieu est admirable dans ses saints, que l'Eglise est toujours féconde, et que, même dans ce siècle de matérialisme et d'impiété, les exemples ne nous manquent pas pour nous exciter à la pratique des plus hautes vertus.

Les matériaux et les documents, qui ont servi à composer la vie de la vénérée Mère, nous ont été donnés par ses filles en religion, témoins fidèles de ses actions héroïques. Elles en sont par conséquent les véritables historiens.

Pour nous conformer aux décrets d'Urbain VIII, nous déclarons qu'en donnant à la Mère Vincent ou à d'autres personnes, dont il est parlé dans cette histoire, le titre de sainte ou d'autres appellations analogues, et en citant des faits merveilleux, nous ne prétendons point prévenir les décisions de la sainte Église, au jugement de laquelle nous nous soumettons absolument et de grand cœur. Nous n'attribuons à ces expressions que la valeur du langage usuel, et aux faits rapportés que l'autorité des témoignages qui les appuient.

VIE

DE

LA MÈRE VINCENT

RELIGIEUSE HOSPITALIÈRE DE St-JOSEPH

PREMIÈRE PARTIE

CHAPITRE I

Ses premières années.

L'amour de Dieu, porté jusqu'à la perfection, et l'amour du prochain, porté jusqu'à l'héroïsme: tel est le caractère de la sainteté, tel est le signe lumineux qui brille au front des disciples fidèles de Jésus-Christ.

La très-honorée Mère Antoinette Vincent, dont nous allons esquisser à grands traits la vie, a resplendi évidemment de cette brillante auréole de la charité divine.

Il fut facile de remarquer en elle, et dans un éminent degré, les vertus de Marie, la contemplative, jointes à celles de Marthe, le dévouement actif. Avec quelle ardente sollicitude elle s'empressait de servir le Seigneur Jésus dans ses membres souffrants ! Avec quelle amoureuse fidélité elle se tenait recueillie aux pieds du divin Maître pour écouter sa parole ! L'existence de la Mère Vincent a réuni, dans une admirable harmonie, ces deux choses : la prière et l'action, *toute à Dieu et toute au prochain*. Aussi bien, à son aspect, le cloître fut étonné de la sublimité de son oraison, et le monde fut ravi des merveilles de sa charité.

C'est pourquoi nous avons la ferme confiance que cette notice sur la vie et les vertus de cette grande religieuse sera bien accueillie par tous : par les personnes du siècle d'abord, qui pourront y apprendre où se trouvent les cœurs véritablement dévoués à l'humanité souffrante ; et ensuite par les âmes consacrées à Dieu, qui, à la vue d'un si beau modèle, se sentiront encouragées à marcher avec plus de fidélité et de ferveur dans les sentiers de la perfection religieuse. Puissent ces quelques pages, consacrées à la mémoire de la sœur Vincent, exhaler le parfum de ses vertus, et continuer ainsi le bien qu'elle a fait en passant parmi nous.

Vers la fin du siècle dernier, vivait, au Bourg-de-Marseille, en Picardie, une de ces familles chrétiennes, dont le type disparaît de jour en jour, avec la foi et les vertus antiques. M. Josse Vincent, et Madame Marie-Thérèse Joffrois, sa digne compagne, étaient encore plus distingués par leur piété que par leur fortune et l'éclat de leur position sociale. Jouissant d'une honnête aisance, ils employaient une grande partie de leurs biens à faire de bonnes œuvres, estimant par-dessus tout ces trésors invisibles que la foi découvre et que donne la charité.

Dieu daigna bénir l'union de ces pieux époux, et le

15 mai de l'année 1789, naissait, au Bourg-de-Marseille, l'enfant de bénédictions, qui venait s'épanouir comme une fleur du ciel sur cette terre de France, que la Révolution allait, hélas ! semer d'épines.

Le jour même de sa naissance, elle reçut le sacrement de la régénération ; et la blanche robe de l'Agneau, dont son âme fut parée en ce jour, elle la gardera jusqu'à la fin de sa vie dans sa candeur virginale. Ceux qui ont connu dans l'intimité cette sainte religieuse ne sauraient en douter. Elle reçut au baptême les noms de Marie-Thérèse-Antoine t

Cette enfant prédestinée avait été demandée au Seigneur, comme un autre Samuel, par sa vertueuse mère, qui s'était empressée de la vouer à la T.-Ste Vierge, bien avant qu'elle naquît. Des circonstances particulières l'ayant appelée à Paris, à cette époque, elle ne manquait pas de renouveler cette consécration, en assistant chaque jour à la sainte messe dans l'église de Notre-Dame-des-Victoires.

Du reste, au Bourg-de-Marseille, Madame Vincent avait l'habitude de venir offrir à Marie le fruit qu'elle portait dans son sein, en restant de longues heures devant son image, vénérée dans l'ancien couvent des Carmélites. Aussi à l'aspect de la petite Antoinette, dont la beauté était ravissante, les voisines s'écriaient : « Il n'y a rien d'étonnant qu'elle soit belle, elle ressemble à la Vierge du Carmel ! »

Madame Vincent avait eu elle-même la pensée de se faire carmélite ; mais la tourmente révolutionnaire, qui s'annonçait à l'horizon, et qui chassait déjà du sol de la France les institutions religieuses, s'était opposée à la réalisation de son pieux désir. Unie providentiellement à un époux selon son cœur, et selon le cœur de Dieu, elle s'appliqua, en revanche, à préparer pour le cloître et pour le ciel l'enfant, fruit unique de leur mariage.

Bien loin de mettre obstacle à cette sublime ambition d'une mère chrétienne, Monsieur Vincent la seconda de son côté par toute l'influence que donne l'autorité paternelle, rehaussée par la vertu. C'était, du reste, un homme de foi, de cette foi vive et pratique que les chretiens dégénérés de nos jours ne connaissent presque plus. Il en fournit des preuves touchantes par son dévouement à l'Église et à ses ministres persécutés, durant l'époque désastreuse de la Révolution. Il supporta avec courage et résignation, ainsi que sa femme, les épreuves de tout genre, qui furent, dans ces jours mauvais, le partage des amis du trône et de l'autel.

Les temples du vrai Dieu ne résonnaient plus des accents de la prière ; ceux qui avaient échappé à la dévastation et à la ruine demeuraient fermés. La demeure des bons catholiques devint alors l'unique asile où s'abritait le culte du Seigneur. La maison de Monsieur Vincent était vraiment un sanctuaire qu'embaumaient l'encens de la prière et le parfum des vertus. Là, comme à Nazareth, au milieu de ses parents, la petite Antoinette croissait, à l'exemple de l'Enfant-Jésus, en âge et en sagesse devant Dieu et devant les hommes. Oh ! combien ce lis fut cultivé avec soin et abrité avec amour !

Comprenant les devoirs de son état et la grandeur de sa vocation, Madame Vincent ne voulut point confier à des mains étrangères le soin de sa fille ; et puis, à qui aurait-elle abandonné ce doux trésor ? Les monastères, où les religieuses, vouées à l'enseignement, formaient l'enfance et la jeunesse à la science et à la vertu, n'existaient plus. Qui mieux que Madame Vin-

cent, personne instruite et pleine de distinction, était
capable d'élever sa fille bien-aimée? Toutefois, elle
s'attacha tout d'abord et de préférence à former son
jeune cœur, en lui inspirant la crainte et l'amour de
Dieu. Elle n'eut pas de peine dans cette tâche, si in-
grate ordinairement : l'enfant était si bien douée ! elle
avait pour la piété de si admirables dispositions, que
son âme, cultivée avec tant de soins par la tendresse
maternelle, porta de suite, comme un merveilleux parterre, des fleurs charmantes et des fruits bien doux.

On peut dire, en toute vérité, que les lèvres de l'aimable enfant s'ouvrirent dans la prière pour en exhaler les ravissantes senteurs.

Elle est à peine âgée de quatre ans; sa pieuse mère
la conduit dès lors au tribunal de la pénitence, et Antoinette se sent déjà pénétrée de cette vive horreur du
péché, qui ne l'abandonna jamais depuis, et qui commença à ouvrir dans ses yeux la source des saintes
larmes.

Il n'y a rien de persuasif et d'entraînant pour le bien
ou pour le mal, comme l'exemple d'une mère. En voyant
la sienne s'adonner au saint exercice de l'oraison, la petite fille, âgée de cinq ans à peine, se met à genoux sur
une chaise basse, elle place la tête dans ses deux mains,
et ne remue pas, comme si elle était enchaînée par le
sentiment du respect dû à la présence divine. Elle
parle déjà dans de tendres colloques à ce Dieu qui a
ravi son jeune cœur. Elle chante déjà par instinct ce
cantique de l'union : *Le Bien-Aimé est à moi, et je suis
à lui* ! Filles de Jérusalem, je vous en conjure, n'é-
veillez pas celle que Jésus a blessée de son amour, à
sa première aurore, jusqu'à ce qu'elle le veuille.....

Aussi quand on l'appelle en ce moment-là, lui demandant ce qu'elle fait : « Laissez-moi tranquille, dit-

elle ; je fais mon oraison.» L'oraison devint, dans la suite, la passion de cette âme séraphique, et il ne fallait rien moins que la voix de l'obéissance et les gémissements des pauvres malades, pour l'arracher à cette occupation céleste.

Émule des anges, qui voient sans cesse la face divine, la sainte enfant reçut dès lors de ces bienheureux esprits des marques frappantes de protection. Voici une circonstance, entre toutes, dont le souvenir la pénétra toujours d'ineffable gratitude.

Monsieur Vincent aimait beaucoup la chasse. C'était, du reste, le seul délassement que cet homme de bien, tout entier à ses devoirs, cherchât en dehors du cercle de la famille. Il revenait un jour d'une de ces excursions en compagnie d'un de ses amis. Il pose son fusil encore chargé sur une table. Tout à coup l'arme tombe à terre, et une détonation se fait entendre. Antoinette, qui était accourue pour embrasser son père, et qui se trouvait dans cette direction, devait, ce semble, être atteinte et tuée. Mais la poudre meurtrière l'effleure seulement, et elle n'a point d'autre mal qu'un instant d'étourdissement. Les anges l'avaient couverte de leurs aîles.

Cependant Madame Vincent ne néglige pas l'intelligence de sa fille. Elle l'instruit avec une grande sollicitude et un rare talent. Elle avait trouvé dans son cœur de mère le secret de l'initier à la fois à l'amour de la vertu et à l'amour de la science. Douée d'une vive pénétration et d'une excellente mémoire, Antoitoinette fait honneur à sa chère institutrice. On eût dit, dans cette maison, une apparition d'Anne, mère de la T.-Ste Vierge, instruisant sa céleste enfant. Pour mieux repasser sa leçon, elle vient se placer sous un escalier, (c'était son lieu ordinaire de retraite, et comme sa cellule enfantine), puis elle arrive toute joyeuse, en s'écriant : « Maman, je la sais. »

La petite fille faisait de rapides progrès sous la sage direction de sa mère, et son esprit s'ornait de jour en jour ; mais son attrait pour la piété se développait en même temps. Sa ferveur prit surtout un merveilleux accroissement vers l'époque de sa première communion. On ne saurait dire les admirables dispositions qu'elle apporta à cette première entrevue de son âme avec Jésus dans le banquet d'amour. Mais aussi, elle en fut si délicieusement récompensée ! Les caresses, qui lui furent alors prodiguées par le divin Maître, furent si tendres ! Ayant une fois goûté de l'Eucharistie, Antoinette se trouva affamée désormais de ce Pain vivant ; et elle ne put plus s'en passer. Comme le cerf altéré, qui soupire après l'eau des fontaines, elle eut soif de ce calice enivrant, où ruisselle le vin qui fait germer les vierges.

On dut, dès ce moment, permettre à son amour la communion fréquente. Mais en retour d'une telle largesse de la part de Jésus, la jeune fille voulut lui vouer son existence. Le trouvant si aimable et si doux dans les embrassements eucharistiques, elle forma le dessein de le choisir pour son époux. Et ici, qu'on admire la conduite sage et prudente d'Antoinette. Elle s'ouvre de son dessein à sa pieuse mère, la confidente des mystères de son âme angélique, et obtient son consentement. Elle en fait part à son confesseur, qui l'approuve et le bénit. Puis, un matin, prosternée aux pieds de ce Dieu qui réjouit sa jeunesse, dans les transports de l'action de grâces après avoir communié, elle dit à Jésus, qu'elle presse sur son cœur comme un bouquet de myrrhe : « O mon Jésus, je fais vœu de virginité pour toujours ! » Ainsi l'on vit jadis sainte

Agnès, la vierge des Catacombes, se vouer à son Dieu vers le onzième printemps de sa vie. De l'autel, où la virginité l'a immolée, Agnès montera à l'autel du martyre. Antoinette Vincent, vouée à Notre-Seigneur presque au même âge, restera sur la terre jusqu'à une vieillesse très-avancée, afin de pouvoir joindre à son lis virginal les roses d'un martyre, bien méritoire et bien beau aussi, le martyre de la charité.

CHAPITRE II

Sa jeunesse.

On désirerait bien connaître plus en détail ces premières années, embellies par une ferveur qui n'appartient ordinairement qu'aux âmes qui ont cheminé longtemps dans les voies de la sainteté. On ignore les faits de cette adolescence si calme et si pure, que les anges contemplaient des cieux. Ainsi, le lac perdu au sein des montagnes n'a pour témoins de sa limpidité que le soleil et les étoiles, qui viennent se refléter dans ses eaux.

Il a fallu employer de pieux stratagèmes pour surprendre à la Mère Vincent quelques faits, dont le récit eût alarmé son humilité profonde. C'est ainsi qu'on a pu savoir quelques circonstances merveilleuses de sa vie.

L'époque de sa confirmation fut particulièrement signalée par une abondance de faveurs célestes. Antoinette aspirait ardemment après ce sacrement des forts, et s'y préparait depuis longtemps par la pratique généreuse de la mortification et de la prière. La dévotion au Saint-Esprit lui était bien chère. C'est le propre de toutes les âmes intérieures. Aussi elle ne cesse de l'invoquer avec ferveur, le suppliant de venir prendre possession de son âme et de la consumer des feux de sa dilection. Que de soupirs ardents elle fait monter vers le divin Paraclet ! de combien de sentiments pieux et d'actes de vertus elle prend soin

d'orner le cénacle de son cœur ! Aussi, pour récompenser la vivacité de sa foi et de ses saints désirs, le Seigneur lui accorde les grâces qu'elle demande, et lui
donne des preuves certaines de sa présence en elle.
Dans la cérémonie de la confirmation, et comme aux
jours de la primitive Église, l'Esprit-Saint daigna lui
apparaître sous une forme sensible, l'assurant ainsi
que tous ses vœux étaient exaucés. Ce fait, tout extraordinaire qu'il paraisse, n'a rien d'incroyable quand
on considère la sainteté à laquelle est parvenue la
Mère Vincent, qui s'était fait une règle constante jusqu'à son dernier soupir de se laisser guider en toutes
choses par l'esprit du Seigneur Jésus. A l'exemple de
la bienheureuse Vierge Marie, elle s'est montrée toujours fidèle à cette divine direction. L'esprit-Saint lui
donna des ailes, comme à la colombe, pour voler et
venir se reposer sur les sommets où habitent les
âmes intérieures et contemplatives.

En donnant à Antoinette une mère profondément
chrétienne, Dieu lui avait accordé une faveur immense ; car Madame Vincent, s'étant constituée l'ange
visible de son enfant, s'appliqua sans relâche à guider
ses pas dans les droits sentiers de la vérité. La jeune
fille était ornée de toutes les qualités qui charment
et qui attirent. Au lieu de lui inspirer la vanité et le
goût du monde, la pieuse mère lui faisait apprécier
uniquement la beauté de l'âme et les charmes d'un
cœur pur.

Aussi, la jeunesse de Mademoiselle Vincent se trouva
à l'abri des écueils où viennent, par la faute et la faiblesse des parents, échouer tant de pauvres jeunes
filles. Le monde et ses séductions n'eurent aucune
prise sur cet ange terrestre, qui avait peur de souiller
ses blanches ailes dans la poussière du chemin, et qui

demandait à Dieu avec tant d'insistance une oasis dans le désert, en attendant le ciel : cette oasis, c'était le cloître ! Mais comment la trouver au milieu des ruines effroyables qu'avait laissées après lui l'orage dévastateur? Ah ! du moins, pour se dédommager de la peine qu'elle endure en restant loin de l'arche bénie, Antoinette s'attache à vivre dans sa maison comme une véritable religieuse.

Vivant comme deux saintes, la mère et la fille partagent leur temps entre la prière et les bonnes œuvres, Servant Dieu avec amour et pureté, se dévouant au prochain et au soulagement de ceux qui pleurent, elles remplissent, au milieu du monde, les fonctions de sœurs hospitalières.

Mademoiselle Vincent n'eut donc jamais à se reprocher d'avoir, dans son jeune âge, payé un tribut à la vanité et au mensonge. Elle eut le bonheur bien rare d'avoir porté le joug du Seigneur, dès l'aurore de ses jours jusqu'à son dernier soupir, sans regarder en arrière, et sans se soustraire aux tendres recherches du Bien-Aimé, qui avait ravi son cœur. Aussi son innocence ne fit point naufrage, et son lis conserva sa candeur parmi les épines. Elle avait, certes, tout ce qu'il fallait pour plaire aux créatures, mais elle repoussa sans hésitation aucune toutes les alliances terrestres, qui lui furent proposées. N'ayant que du mépris pour les joies mensongères et tous les terrestres amours, elle n'avait dans le cœur qu'un seul désir : celui d'habiter dans la maison du Seigneur !

Malgré sa vertu, malgré l'appui de sa mère, Antoinette avait peur du monde, et s'y trouvait comme exilée; à l'exemple des enfants d'Israël captifs, elle pleurait en pensant à Sion, et dans sa tristesse, elle priait.... La prière abrite toutes les douleurs comme

toutes les espérances. La jeune fille eut, à cette époque, certains indices qu'elle serait exaucée bientôt.

Elle se promenait un jour en compagnie de sa mère,
tout près d'un cimetière, en récitant son chapelet, quand
elle vit venir à elle un religieux, chargé d'un sac très-
lourd, et paraissant fort triste. Aussitôt le montrant à
sa mère, elle lui dit : « Voyez ce religieux. » Mais
celle-ci ne le vit point. La pieuse fille s'adressant
alors au religieux lui demande le sujet de sa peine.
Celui-ci, la saluant humblement, sollicite le secours de
ses prières, et disparaît du côté du cimetière dans un
tourbillon de feu, qui s'évanouit à l'instant. Sans se
troubler de cette apparition, Antoinette eut de suite la
pensée que Dieu lui accorderait la grâce de quitter le
siècle par l'entremise de cette pauvre âme, qui était
encore au Purgatoire. Elle offrit pour elle des larmes
et des prières ; et quelques temps après, elle reçut
l'assurance que cette âme était entrée en possession
de la gloire céleste.

Non loin du lieu, où Mademoiselle Vincent eut cette
apparition, était une ancienne abbaye. Les religieux,
qui avaient déchu de leur ferveur première, avaient
été dispersés par la Révolution. Un seul, plus fidèle
que les autres, était resté dans le monastère, cherchant à suivre sa règle le mieux possible. La jeune
fille pensa que c'était l'âme de ce bon religieux mort
depuis peu de temps, qui venait de lui apparaître ; et
elle promit de faire en sorte par ses prières de lui ouvrir le paradis des cieux, afin de pouvoir, elle-même,
par son intercession, entrer dans le cloître, ce paradis
de la terre.

Un autre jour, après la sainte communion, elle suppliait tendrement Notre-Seigneur de vouloir bien briser à la fin les chaînes qui la retenaient captive dans

le monde. Il lui tardait tant d'en sortir ! Tout à coup,
belle et rayonnante, l'auguste Reine des anges et des
vierges se montre à ses yeux ravis. Marie ne lui parle
que par un sourire, mais ce sourire l'inonde de joie
et d'espérance. Et Antoinette peut lire sur une plaque
lumineuse, que la Vierge très-sainte tenait entre ses
mains, ces consolantes paroles : « Bientôt il se passera
de grandes choses. » La vision disparaît, mais la jeune
fille reste pleine d'espoir, quoiqu'elle n'aperçoive pas
encore les moyens que Dieu emploiera pour réaliser
ses desseins sur elle.

Mademoiselle Vincent eut aussi un songe mystérieux qui détermina plus tard sa vocation pour l'état
de sœur hospitalière. Une troupe de gens armés vient
l'assaillir soudain en face d'un hôpital, dont elle re-
connut les bâtiments à son arrivée dans la ville d'A-
vignon. Grande est sa frayeur ; comment échapper à
ce pressant danger ? Tout à coup elle voit venir à
elle un vénérable vieillard qui lui dit en lui dési-
gnant les portes de l'Hôtel-Dieu : « Ma fille, ne crai-
gnez pas ; entrez dans cet asile ; les murailles en sont
si épaisses, qu'aucun ennemi ne saurait y pénétrer,
et n'y pourra jamais vous nuire. » Et en même temps
elle aperçut la troupe des gens armés prenant la
fuite, saisie d'une terreur panique. Le vénérable vieillard n'était autre que saint Joseph. Mademoiselle Vincent fut confirmée dans cette pensée, en voyant plus
tard, sur la porte du couvent des sœurs hospitalières
d'Avignon, sa statue, dont il paraissait avoir emprunté
les traits.

La Providence accomplissait peu à peu son œuvre.
La volonté de Dieu s'exprimait par degré à l'égard
d'Antoinette. D'abord elle perdit son excellent père,
qui termina, par la mort des justes, une vie pleine de

vertus et de bonnes œuvres. C'était vers l'année 1811. Malgré la voix qui résonnait au fond de son cœur, et qui l'appelait au cloître, Mademoiselle Vincent aimait tellement son père, que la tendresse filiale lui faisait reculer l'heure du sacrifice. Et cependant cette heure allait bientôt sonner.

La mère et la fille apprirent, par une personne du Midi, le rétablissement des maisons religieuses dans cette partie de la France. A cette nouvelle, quelle joie vient faire tressaillir notre vierge fervente! Bientôt, il lui sera donc permis d'habiter à l'ombre des saints autels! C'est la terre promise, dont elle entrevoit les horizons... A l'annonce de ces espérances, sa digne mère, généreuse comme celle des Macchabées, ne fait point entendre la voix de la chair et du sang. Veuve, sa chère enfant était l'unique consolation qui lui restait dans sa solitude ; et cette enfant était une perle choisie, une perfection. La grâce et la nature avaient conspiré ensemble pour en faire une jeune personne des plus accomplies. Les agréments extérieurs s'unissaient en elle aux qualités de l'âme. Elle était belle, pleine de dignité ; son langage était noble, son esprit élevé, son cœur aimant, mais surtout elle était humble et pure.

Madame Vincent ne dispute point à Dieu cette victime choisie ; bien plus, à l'exemple d'Abraham, sous l'empire d'une foi pareille, elle ne balance point de quitter sa maison et la terre de ses aïeux pour conduire elle-même sa fille sur la montagne du sacrifice, et l'immoler de sa propre main.

Dès les premières années de la grande révolution, l'antique et honorable famille de Causans avait été forcée de s'expatrier, comme toute la noblesse. Monsieur le comte possédait des propriétés en Picardie.

Soit qu'il connût déjà Monsieur Vincent, ou que la Providence le conduisit dans la maison de cet homme de bien, qui avait mis toutes ses ressources et tout son dévouement au service des persécutés, toujours est-il que le comte de Causans trouva un refuge au sein de cette famille chrétienne, et y resta jusqu'à ce que l'ordre fût rétabli. Des rapports intimes d'amitié existèrent depuis entre les deux familles, et la noble maison de Causans s'estima heureuse de trouver une occasion de payer une dette de gratitude.

Madame Vincent, ayant appris que les couvents s'étaient relevés dans le Midi, communiqua le dessein de sa fille à M. le comte. Celui-ci, pour favoriser le désir de la pieuse demoiselle, s'empressa d'offrir son château à Madame Vincent, la priant de venir s'y fixer pour le reste de ses jours, pendant que sa fille, obéissant à l'attrait de sa vocation, irait chercher un abri dans la maison de Dieu. L'offre est acceptée ; Madame Vincent vend aussitôt ce qu'elle possédait en Picardie, et ayant réalisé sa fortune, elle dit adieu à son pays, et s'exile en quelque sorte avec un courage au-dessus de tout éloge.

En compagnie de sa fille, elle arrive au château de Causans, situé dans le département de Vaucluse, et peu éloigné de la ville d'Avignon. C'était en 1812, Antoinette avait 23 ans. La jeune fille n'est point séduite par les charmes de cette splendide demeure, ni par les témoignages de l'intérêt le plus affectueux et le plus dévoué. Le site enchanteur des bords de l'Ouvèze ne peut enchaîner cette douce colombe, qui languit de prendre son vol vers les montagnes saintes. Une seule chose l'attire.., la beauté des tabernacles du Seigneur ! Aussi elle se hâte de briser le plus tôt possible avec le monde... Deux ou trois semaines se sont à peine

écoulées, que, s'arrachant généreusement à la considération dont elle est déja entourée et à toutes les douceurs de l'existence, elle quitte Causans, et se rend à
Avignon avec sa mère, qui vient elle-même la présenter, en qualité de postulante, aux sœurs hospitalières
de St-Joseph.

CHAPITRE III

Son entrée en religion, au couvent de St-Joseph à Avignon.

Mademoiselle Vincent fut reçue avec une joie indicible par les religieuses hospitalières de St-Joseph d'Avignon, qui comprirent tout d'abord le trésor précieux que le ciel leur envoyait. Cette jeune personne réunissait en effet, comme nous l'avons dit, toutes les qualités désirables. La Mère Ourson, pour lors maîtresse des novices, douée d'une sagesse et d'un esprit de dévouement remarquables, apprécia tout particulièrement un sujet aussi distingué, et s'attacha à polir avec amour ce beau diamant, que Dieu mettait entre ses mains.

On ne vit jamais plus de souplesse et plus de docilité de la part d'une novice. Antoinette avait soif d'obéissance et de vertus. Aussi fit-elle des progrès rapides ; et les anciennes sœurs admiraient déjà dans cette commençante la perfection des religieuses consommées. Le souvenir de sa ferveur s'est conservé comme un parfum dans le monastère d'Avignon ; et à défaut de détails sur cette partie de son existence, puisque celles qui en furent les témoins ont toutes disparu, le nom de la Mère Vincent y reste entouré d'une auréole.

Parmi les anciennes religieuses, qui parfumaient de leurs vertus la maison de St-Joseph, on distinguait

alors, entre toutes les autres, la vénérable Mére de
Prilly. C'était la sœur du bon et saint évêque de Cha-
lons, qui a laissé dans l'Église de France, mais surtout
à Avignon, où il fut supérieur du Petit Séminaire, des
marques si touchantes de son humilité, de sa piété angélique et de son dévouement sans bornes à l'Église
et aux pauvres, à qui il a tout sacrifié. La Mère de
Prilly était la digne sœur d'un tel frère. Comme lui,
elle pratiquait les vertus jusqu'à l'héroïsme. Ce qu'on
admirait surtout en elle, c'étaient sa mortification et
son esprit de pauvreté. Outre les macérations et les
disciplines dont elle faisait sa pratique habituelle, la
vénérable sœur trouvait un plaisir singulier à servir
les malades les plus dégoûtants. Les plaies les plus
hideuses, au lieu de la rebuter, l'attiraient comme un
mystérieux aimant. La foi lui avait donné la véritable
intelligence de l'indigent et du pauvre malade. C'était
un culte qu'elle leur rendait. Mais son humilité la
plaçant, à ses yeux, sous les pieds de tout le monde,
elle ne voulait pour sa nourriture que le rebut de la
cuisine, et pour ses vêtements que de misérables
haillons. Son amour incomparable pour la sainte pauvreté lui faisait trouver des délices dans la privation
de toutes choses. *Une pauvreté souffrante !* elle n'en désirait pas d'autre pour pouvoir ressembler à son divin
Époux. La foi le lui montrait dans la personne de
tous les pauvres ; elle s'estimait heureuse de raccom-
moder leurs vêtements ; et cela, elle le faisait prosternée à genoux dans sa cellule, car c'était pour son
cœur une adoration et un amour passionné de la divine pauvreté du Christ.

Mademoiselle Vincent, avec son élévation de sentiments et son discernement exquis, sentit tout d'abord
la grandeur et la beauté de cet héroïsme. Son unique

préoccupation fut de copier la sœur de Prilly, qu'elle cherchait à imiter en tout. On peut dire qu'elle a réussi dans ses efforts, tant la copie a été jugée parfaite par tous ceux qui ont vu plus tard à l'œuvre, non plus la novice, mais la Mère Vincent, supérieure éminente, religieuse consommée, pénitente et mortifiée comme une fille du Carmel, pauvre et dévouée comme une fille de St-Vincent-de-Paul.

Cette âme généreuse, qui ne recula jamais devant la difficulté et le sacrifice, accepta courageusement les épreuves de son noviciat. Ces épreuves furent d'autant plus pénibles pour elle, qu'elle dut se plier aux usages du Midi, et à l'intelligence de la langue provençale, le seul dialecte à peu près connu du peuple, et qu'il lui importait de savoir afin de remplir plus utilement ses fonctions de sœur hospitalière.

La première année de son séjour dans le couvent faillit être la dernière de sa vie ; car le changement de climat et celui de nourriture lui procurèrent une maladie tellement grave et sérieuse, que la Communauté craignit avec juste raison qu'elle ne succombât. Toutes les sœurs étaient extrêmement peinées dans l'appréhension de se voir enlever sitôt une novice sur laquelle reposaient tant d'espérances. Le médecin lui-même disait : « C'est fâcheux qu'une si belle demoiselle vienne mourir ici. »

Mais Dieu se contenta des actes de patience et de résignation, d'abandon et de charité, dont cette maladie fournit l'occasion à Mademoiselle Vincent et à ses sœurs. La santé lui fut rendue, et la fervente novice eut la consolation de revêtir le saint habit religieux, le 16 juin 1813, jour de la fête de saint François Régis, auquel elle fut si dévouée, et qu'elle imita si bien dans l'amour de la pénitence, et dans les travaux entrepris pour le salut des pauvres et des déshérités de ce monde.

Ayant dépouillé les livrées du siècle, la sœur Vincent entreprit avec une ardeur nouvelle la guerre contre le vieil homme, afin de pouvoir se revêtir intérieurement de Notre-Seigneur Jésus-Christ. Cette date de sa vêture marque en effet un nouvel élan de son âme vers l'union divine. Du reste ce fut l'habitude constante de cette sainte religieuse de mettre à profit tous les événements pour placer dans son cœur ces degrés d'ascension, dont parle le Roi-Prophète, qui nous élèvent, du fond de cette vallée de larmes, vers les montagnes de Sion. Les regards des hommes et l'estime des créatures ne purent la faire descendre de ces hauteurs mystiques.

A cette époque, le comte d'Artois, qui fut plus tard roi de France sous le nom de Charles X, fit son entrée solennelle à Avignon. Tout naturellement, l'Hôpital reçut la visite du digne fils de saint Louis. La sœur Vincent, alors novice du voile blanc, fut désignée par sa supérieure pour lui adresser un compliment, au nom des religieuses et des pauvres malades. Elle le fit avec cette modeste aisance et cette noble distinction qui lui étaient familières. Le prince, revenant de la terre d'exil, fut agréablement charmé d'entendre cette langue harmonieuse et pure, parlée par un ange du cloître, et qui lui rappelait la voix de la patrie. La sœur Vincent s'exprimait si bien !

Du reste, elle savait encore mieux parler au Roi du ciel qu'à ceux de la terre ; et son cœur se plaisait à converser intérieurement avec Jésus. Dès son enfance, elle l'avait choisi pour son unique époux ; mais il lui tardait de ratifier solennellement au pied des saints autels le choix de ses premières amours, ce vœu de chasteté, qui avait éclairé d'une lumière céleste le printemps de sa vie. Le 21 juin de l'année 1814 fut l'heureux jour de sa profession. A l'exemple de saint Louis de Gonzague, dont l'Église célèbre en ce jour la mémoire, la sœur Vincent se livra tout entière au Seigneur, et ne fit aucune réserve dans l'holocauste. Elle put dire dès ce moment en toute vérité cette grande parole : *Mon Dieu et mon tout !* Elle reçut avec bonheur le joug de la pauvreté, de la chasteté et de l'obéissance ; et ce joug, porté avec un immense amour, elle l'a trouvé toujours bien doux, conformément à la promesse du divin Maître. Mais voici le côté grandiose de la consécration religieuse de la sœur Vincent, car il faut s'habituer à voir toujours en elle l'héroïne du cloître. Quand la douce victime est couchée sous le drap mortuaire, quand l'assistance émue chante le *De profundis*, et que la cloche du monastère murmure le glas de ceux qui meurent dans le Seigneur, alors l'épouse immolée du Christ désire mourir encore plus, s'il est possible ; elle brise avec joie tous les liens qui l'attachaient à un monde qu'elle n'avait jamais aimé, elle fait encore le sacrifice de tout ce qu'elle avait de plus cher ici-bas, le sacrifice de sa mère ! elle renonce à la consolation de la voir à l'avenir. Et pendant que la vierge, épouse de Jésus, se laisse ainsi consumer entièrement dans les flammes allumées par l'amour divin, que fait sa mère, cette grande chrétienne dont le monde n'était pas digne ? Madame Vincent était venue de Causans pour assister à la profession de sa fille. Cette dame héroïque est là, comme Marie au pied de la croix, offrant à Dieu sa chère enfant ; entrant complétement dans un même esprit de sacrifice, elle la donne tout entière à Celui qui a daigné mettre à son doigt l'anneau sacré et nuptial.

Sa fille n'appartiendra plus désormais qu'à Jésus !...

Après la cérémonie Madame Vincent donne à la nouvelle épouse, portant sur sa tête la couronne des vierges, son suprême baiser de mère, se recommande à ses prières, et puis toutes deux se séparent, promettant de ne plus se revoir ici-bas, et se donnant rendez-vous pour le ciel.

Madame Vincent retourna au château de Causans, où elle demeura jusqu'à sa mort. Elle sut captiver 'estime et l'affection de tous les membres de cette noble famille, où elle avait reçu une si touchante hospitalité. Elle chercha à s'y rendre utile à tous, et particulièrement aux plus jeunes enfants, par son dévouement inaltérable et sa profonde piété, qu'elle savait si bien inspirer aux autres. Aussi elle y fut toujours considérée comme un membre de la maison. Madame Vincent avait arrangé ses affaires de telle sorte que sa fille fût dotée d'une rente viagère que Monsieur le comte de Causans lui fit parvenir fidèlement jusqu'à sa mort.

CHAPITRE IV

Le printemps de sa vie religieuse.

Pendant que la mère donnait au monde le spectacle édifiant d'une chrétienne parfaite, la fille fleurissait comme le lis, à l'ombre du cloître, qu'elle embaumait des plus doux parfums. Dieu, qui la destinait à une haute sainteté la fit bientôt passer par le creuset des souffrances et des peines intérieures. Car, ce n'est point sur le Thabor, mais bien sur le Calvaire qu'il établit ses Saints, pour les rendre conformes et les unir à Jésus crucifié.

La grave maladie que la sœur Vincent avait faite au commencement de son noviciat, avait ébranlé son tempéramment fort et vigoureux. Elle eut depuis à souffrir de violents maux de dents, qui la forçaient de passer les nuits en se promenant. A ces douleurs névralgiques se joignirent des douleurs d'estomac, qui l'exercèrent durant toute sa vie. Les jours de jeûne lui étaient particulièrement très-pénibles. Il lui est arrivé d'être obligée de se coucher à terre pour attendre l'heure du dîner. Néanmoins elle ne demandait aucune dispense. « Une fois entré dans la route de la perfection, disait-elle, il faut toujours aller en avant malgré les cris de la pauvre nature. » Cette maxime, elle en fit désormais le mobile de sa conduite ; aussi fut-elle toujours fidèle jusqu'à un âge très-avancé aux jeûnes de l'Église et à toutes les abstinences prescrites par la règle.

Sœur Vincent aimait véritablement la croix. Le Seigneur la traita selon son goût, il ne lui épargna pas la souffrance ; et de son côté, cette âme généreuse s'appliqua à se mortifier en tout et partout. Aux souffrances physiques vinrent s'ajouter les peines intérieures. La plus cruelle sans doute fut celle qui eut pour objet sa vocation à l'état de sœur hospitalière.

L'attrait invincible, qui la portait à l'oraison et au recueillement, lui fit douter si elle était vraiment appelée au soin des malades, tandis que la vie contemplative avait tant de charmes pour son cœur. « O mon Dieu ! disait-elle souvent, faites-moi connaître votre sainte volonté, vous savez bien, ô mon Jésus, que je ne veux que vous. » Et pourtant Jésus gardait le silence et la laissait accablée sous le poids d'un doute plus cruel que la mort. Torturée le jour et la nuit par ses pensées pleines d'anxiété, elle tomba dans un grand accablement. Elle eut à cet égard de nombreux combats à soutenir. C'était la lutte de Jacob contre l'Ange du Seigneur ; car cette âme si pure n'avait pas à lutter contre les assauts de la chair et du monde. Mais à la fin de ces combats intérieurs, elle se trouvait brisée, et des larmes amères coulaient de ses yeux. Une nuit surtout la lutte fut pour elle un vrai tourment d'amour.

La sœur Vincent suppliait le bon Maître de dissiper les nuages, qui lui cachaient sa volonté sainte quand elle entendit tout à coup sonner la cloche des religieuses sacramentines, dont le couvent n'est pas très éloigné de celui de Saint-Joseph. « Oh ! s'écrie-t-elle alors, avec un gémissement plaintif et doux comme celui de la colombe, c'est l'appel du grand Roi. On sonne pour aller au-devant de l'Époux, reposant dans son Tabernacle ! et moi je ne puis accourir à ses pieds. Je n'ai pas préparé ma lampe pour mon Christ. » E sa tendresse pour Jésus-Christ lui faisant porter une sainte envie à l'heureuse sacramentine qui va faire son heure d'adoration et se consumer en face des saints autels, comme la lampe du sanctuaire, elle se désole, s'adressant cette triste demande : « O mon âme, où est ton Dieu ! » Mais le Seigneur ne laisse pas perpétuellement le juste dans la perplexité et la fluctuation ; il s'empresse de calmer les flots, et vient enfin consoler cette pauvre âme, qui le cherche avec franchise et simplicité. La sœur Vincent baignait son lit de ses larmes de tristesse, lorsque saint Louis de Gonzague lui apparaît et lui dit de se rendre à un certain endroit du monastère. Docile à cette invitation, elle arrive au lieu indiqué, et là, il lui semble voir son bienheureux père saint Joseph qui lui répète par trois fois : *Hospitalité* ! De même que la sérénité renaît après l'orage, ainsi cette parole fut le brillant soleil qui vint illuminer le ciel de son âme, obscurcie par les ténèbres du doute. Dès lors toutes ses craintes disparaissent ; Dieu la veut sœur hospitalière, et elle s'abandonne aux emplois de sa vocation avec une joie et un courage au-dessus de toute expression.

Les supérieures mirent à profit sa bonne volonté et son aptitude. Au sortir du noviciat, la sœur Vincent fut employée à la roberie de la communauté, et à la salle des *blessés*. Elle passa ensuite successivement à la salle des femmes et à celle des fiévreux. C'est alors qu'éclata cette immense tendresse que la sainte religieuse avait vouée aux membres souffrants de Jésus-Christ. Sa foi vive et ardente lui faisait voir en eux le divin Époux. Oui, les malades étaient à ses yeux comme un sacrement, et elle les entourait d'un respect et d'une affection sans bornes. Comment exprimer les attentions délicates et les prévenances maternelles qu'elle avait pour eux, les tendres industries de sa charité et de son zèle ? Remplie de politesse à l'égard même des plus grossiers, elle n'avait sur les lèvres que de bonnes paroles, qu'un bienveillant sourire : aussi ces pauvres gens la regardaient tous comme une mère, dont le cœur toujours ouvert distillait la consolation et l'espérance. Les plus dégoutants étaient l'objet particulier de sa sollicitude ; quand un malade avait une plaie hideuse, la bonne sœur s'approchait de lui, et avec une délicatesse infinie elle le pansait et le consolait. On eût dit un ange descendu dans le séjour de la douleur pour apporter le baume du ciel. Aussi comme elle était aimée, désirée et accueillie la vierge dévouée ! sa présence seule faisait du bien. C'est surtout à la salle des femmes qu'il lui fut donné d'accomplir des actes héroïques de charité. La vénérable sœur de Prilly, qu'elle avait prise pour son modèle, revivait en réalité dans la jeune hospitalière.

Les sœurs de Saint-Joseph d'Avignon étaient peu nombreuses, tandis que l'hôpital renfermait beaucoup de malades. Il fallait se multiplier pour suffire à tout. Mais la générosité de la sœur Vincent y trouvait son compte ; elle était de ces grandes âmes qui ne reculent devant aucune difficulté ; *souffrir et se dévouer par amour !* c'était sa vie. Après s'être dépensée au service des pauvres malades elle rentrait dans le cloître pour se reposer de ses fatigues aux pieds du divin Maître dans la prière et la contemplation. Souvent alors elle se rapprochait amoureusement de la grille du chœur, pour être plus près de l'autel du Dieu qui réjouissait sa jeunesse. Elle se livrait ensuite avec ardeur aux diverses occupations de la communauté, prenant bien garde de ne perdre aucune minute d'un temps si

précieux pour amasser des mérites. Ayant beaucoup
d'adresse pour les travaux manuels, on lui confiait ce
qu'il y avait de plus difficile ; mais on l'employait surtout à faire les lectures au réfectoire et dans la salle
de communauté, car elle lisait d'une manière très-in-
téressante. La sœur Vincent enfin était la ressource
principale des supérieures.

Indifférente à tout et embrassant avec une égale volonté toutes les occupations, elle s'estima toutefois
heureuse d'être chargée de la sacristie, car cet emploi
lui procurait l'avantage d'être plus souvent auprès de
son Bien-Aimé, et d'embellir ses autels. Le soir elle
se hâtait de descendre, afin de trouver un moment,
avant de sonner, pour l'adorer dans le silencieux tabernacle où l'amour l'enchaîne.

Comme la bienheureuse Marguerite Marie, avec
qui elle a eu des traits nombreux et frappants de ressemblance, la sœur Vincent portait envie aux séraphins, abîmés sans cesse dans l'extase de l'adoration
et de l'amour.

Aussi dans une retraite de huit jours qu'elle fit
vers la fin de son séjour à Avignon, elle demeura
constamment à genoux, excepté durant l'office et les
repas. C'est ce qui l'avait habituée, disait-elle agréablement, à y passer de longues heures, même dans
ses dernières années.

C'est dans ce cœur à cœur avec Jésus que la sœur
Vincent puisait ce dévouement sublime, qui faisait
l'admiration de tous ; c'est là qu'elle puisait l'amour
des sacrifices.

Dieu lui en demanda deux en particulier en ce
temps-là. Le premier fut la mort de sa vertueuse
mère, dont elle reçut l'annonce avec une force d'âme
surhumaine, malgré le brisement de son cœur. Elle

se mit à genoux, adorant les décrets de la volonté divine, et elle renouvela le sacrifice qu'elle avait fait le jour de sa profession religieuse, de se séparer pour toujours sur cette terre de cette mère si tendrement aimée. Puis, elle jeta vers le ciel un regard profond et serein... Tous les trésors de sa tendresse étaient désormais là haut.

Le second sacrifice que le Seigneur exigea de la sœur Vincent fut celui de quitter le berceau de sa vie religieuse, son cloître chéri d'Avignon, le nid où cette mystique colombe avait poussé de si doux gémissements. Elle avait passé 13 ans dans ce monastère, devenu sa maison et sa patrie ici-bas. Elle pensait habiter jusqu'à son dernier jour dans ce lieu de repos, qu'elle s'était choisie, et que son bienheureux Père saint Joseph, dans un songe mystérieux, lui avait dit devoir être pour elle un lieu de sûreté, où l'ennemi ne pourrait jamais l'atteindre. Il lui fallut s'arracher à l'affection de ses sœurs, témoins de sa consécration. La sœur Vincent accepta avec joie le calice amer, et elle partit avec trois compagnes pour l'hôpital de l'Isle, où elles furent envoyées en fondation. C'est sur ce nouveau théâtre que nous allons considérer maintenant cette religieuse éminente, car c'est là surtout qu'éclata sa sainteté.

DEUXIÈME PARTIE

CHAPITRE I

La sœur Vincent à l'Hôpital de l'Isle. — Elle devient
supérieure.

A six kilomètres environ de la Fontaine de Vaucluse
est située la petite ville de l'Isle, remarquable par sa
magnifique église, vrai musée de l'art chrétien, et par
ses délicieux ombrages durant la belle saison. L'Hôpital de cette · ville, comme celui d'Avignon, était
desservi avant la Révolution par les religieuses hospitalières de St-Joseph, dont la Congrégation eut pour
berceau la Flèche, dans l'année 1636, et pour fondateur
un pieux laïque, Monsieur le Royer de la Dauversière,
mort, en 1659, en odeur de sainteté.

Le couvent de l'Isle ayant été supprimé en 1792, les
bonnes sœurs furent dispersées. Cinq d'entre elles
pourtant obtinrent de rester dans l'hôpital sous l'habit séculier. Par un prodige de la charité qui les animait, elles parvinrent à toucher le cœur si dur des
municipaux, qui leur permirent de se sacrifier et de
mourir au chevet des malades. C'était toute leur
ambition.

Heureuses de cette faveur, les héroïnes succombèrent successivement au service des pauvres. La dernière de toutes, la respectable sœur Caran, de sainte et populaire mémoire, tenait encore le poste en 1825. Mais ses forces physiques ne pouvant plus seconder son courage viril, ni satisfaire sa soif de sacrifices, il fallut songer à lui donner des remplaçantes ; elles étaient toutes trouvées.

La commission administrative des Hospices ne balança pas un seul instant ; elle tourna ses regards vers les sœurs hospitalières d'Avignon, les suppliant de venir reconstituer leur couvent de l'Isle. Celles-ci, malgré leur petit nombre, accueillirent avec empressement une demande, dont la réalisation devait rouvrir une de leurs anciennes maisons, et renouer les chaînes des saintes traditions de leur Institut.

Les quatre religieuses choisies pour cette restauration, furent notre chère sœur Marie-Thérèse-Antoinette Vincent, la sœur Marie-Anne Fontanille, la sœur Thérèse Eymond, et enfin la très-honorée Mère Sophie Guintrandy, qui, à cause de son ancienneté et de ses vertus, avait été désignée comme supérieure de la petite colonie.

Arrivées à l'Isle le 17 avril 1825, les religieuses furent installées le lendemain avec une grande solennité, au milieu du concours de la population, ravie du retour, parmi elle, de ces anges du dévouement. Monsieur l'abbé Sollier, vicaire-général de Mgr de Mons, Archevêque d'Avignon, présida cette cérémonie, qui fut honorée de la présence du clergé, de l'administration des Hospices et des magistrats de la cité.

Les nouvelles sœurs se mirent à l'œuvre avec un courage et un zèle remarquables. L'histoire des fondations est ordinairement l'histoire de la pauvreté et de la souffrance ; car les œuvres divines ont toujours pour fondement Bethléem et le Calvaire. Il est difficile d'imaginer tout ce que les religieuses de St-Joseph eurent à souffrir dans leur petite maison, qui n'avait alors que les quatre murs. Combien de fois leur pensée dût, dans ces circonstances, se porter sur leur monastère bien-aimé d'Avignon, où elles avaient coulé des jour si doux, et où elles avaient goûté en vérité le centuple de tout ce qu'elles avaient quitté dans le monde ! Mais aucune difficulté ne parvint à ébranler leur courage ; elles étaient trop altérées d'abnégation. Le ciel, satisfait de tant de générosité, répandit ses plus abondantes bénédictions sur le nouveau couvent de St-Joseph.

La sœur Vincent tout d'abord se fit remarquer par sa grande aptitude et ses rares qualités. Comme à Avignon, son port grave et modeste, relevé par des formes et un langage distingués, lui attira l'estime et la sympathie de tous. A cause de l'âge de la Mère Guintrandy, presque tout le poids de la fondation dut retomber sur la sœur Vincent. Mais elle se montra toujours à la hauteur de sa position, et la Providence n'eut jamais de plus noble et plus fidèle instrument.

Chargée tour à tour et souvent à la fois des divers emplois ds la maison, dépositaire, secrétaire, hospitalière, etc., elle se prêtait à tout ce qu'ordonnait l'obéissance avec une grâce indicible. Son amour pour les pauvres lui fit accepter avec bonheur le soin de la pharmacie. Elle s'est acquise dans cette fonction une grande réputation de science médicale ; et jusqu'à la fin de sa vie, on venait, avec confiance en ses lumières, consulter la sœur Vincent, qui savait toujours joindre aux conseils d'hygiène et de santé les avis les plus salutaires pour l'âme.

Après un double triennat de supériorité, la Mère Guintrandy fut déposée conformément à la règle. Le choix unanime des religieuses se porta sur la sœur Vincent. Elle fut élue supérieure le 3 septembre de l'année 1831 ; elle avait 42 ans. Sa profonde humilité se trouva alarmée de cette distinction ; mais comme elle ne vit pas moyen d'y échapper, elle accepta cette dignité comme une croix, envoyée par le divin Sauveur; comme un fardeau, dont il chargeait ses épaules. Or comme ce fardeau lui sembla d'une pesanteur extrême, elle voulut, à l'exemple de sainte Thérèse, sa patronne, s'en démettre entre les mains de la Ste-Vierge. Elle assemble donc ses chères filles, et après quelques paroles inspirées par son humilité et sa confiance en Marie, elle les conduit en procession à l'autel de cette Reine des Vierges.

Elle dépose alors sur ce même autel les clefs du monastère et le cachet de la Congrégation ; et par un acte qu'elle avait elle-même dressé, elle remet sa charge entre les mains de la Vierge très-sainte, voulant à l'avenir qu'on la considérât comme l'unique et véritable supérieure. C'est pour cela qu'elle fit mettre l'image de Marie à tous les endroits où elle avait elle-même sa place marquée.

La grâce avait doué la Mère Vincent de toutes les qualités requises pour une supérieure. Il est impossible d'exprimer tout le bien qu'elle a fait dans cette position élevée ; c'est là que sa vertu a jeté l'éclat le plus vif.

Établir dans sa Communauté l'esprit de régularité et de ferveur fut sa première préoccupation. Elle savait que la règle établie par les saints fondateurs de son Institut avait reçu les bénédictions du ciel, et que par conséquent les religieuses qui l'aimeraient davantage se rapprocheraient plus que les autres de la perfection, qui est le véritable royaume de Dieu sur la terre ; elle avait appris de plus par expérience et d'après la parole divine que *vivre de la règle, c'est vivre de Dieu ;* aussi dès le commencement de son gouvernement, elle s'appliqua à inculquer parmi les sœurs l'amour et la pratique de la règle.

A cet effet, elle s'adressa aux anciennes Mères des différentes Communautés de l'Ordre pour leur demander des conseils et leur proposer les points qui avaient besoin d'être éclaircis, ce qu'elle continua toujours depuis, malgré son âge, son expérience et sa sagesse. Car la Mère Vincent, qui se plaisait dans son humilité, à mettre sa petite maison comme la dernière de toutes parmi celles de St Joseph, voulait néanmoins que ses filles se distinguassent entre toutes par leur esprit de régularité. Une religieuse du monastère de Laval, ayant séjourné une dizaine de jours dans celui de l'Isle, fut frappée des vertus de la Mère Vincent : « J'admirai aussi, écrit-elle, sa grande régularité, la douce fermeté avec laquelle elle faisait accomplir la règle. Notre établissement est petit, me disait-elle, rien ne nous empêche de remplir nos devoirs à la lettre, il faut donc que nous soyons des modèles de régularité. »

La Mère Vincent avec une âme ardente, avec des vues sublimes de perfection, penchait peut-être vers la sévérité dans la conduite de ses filles. Quoique cherchant à allier la fermeté avec la douceur, elle était, ce semble, plus ferme que douce ; elle voulait que ses filles fussent des anges terrestres, et ne tenait pas assez compte des exigences de la nature.

Mais elle commandait avec tant de bonne grâce, elle savait si bien inspirer l'amour de Dieu à ses sœurs, que celles-ci trouvaient une onction céleste dans les choses les plus pénibles, et volaient avec dilatation de cœur dans les chemins ardus des conseils évangéliques. Et puis, quand la Mère Vincent croyait avoir blessé une de ses filles par une parole un peu vive, elle ne manquait pas de chercher une occasion pour venir jeter du baume sur la blessure; un sourire, adressé à propos, une parole, où son cœur maternel éclatait avec tendresse, avaient bien vite fait oublier à la pauvre sœur ce que l'épreuve pouvait avoir eu d'amer, de telle sorte que celle-ci se sentait pénétrée d'une confiance plus filiale encore envers cette bonne Mère. Que d'âmes religieuses elle a ainsi arrachées aux défaillances de la nature et transportées sur les hauteurs célestes de la perfection ! Dieu a béni cette fermeté, qui avait toujours en vue sa plus grande gloire et le salut des âmes.

Il faut le dire en suite, la Mère Vincent donnait elle-même l'exemple, et ne s'épargnait pas ; elle était sévère pour elle plus que pour personne. La première au lever, la première au chœur, la première à tous les exercices, la plus mortifiée, la plus régulière, la plus fervente : telle se montrait toujours cette grande supérieure.

Aussi, elle pouvait parler à ses sœurs avec une autorité irrésistible. Elle n'enseignait que ce qu'elle pratiquait si bien elle-même. Douée d'un talent de parole remarquable, elle faisait à sa Communauté des conférences, pleines de doctrine et d'onction, sur tous les sujets de la vie spirituelle. Il fallait l'entendre parler des mystères de la religion, de la félicité céleste. On eût dit que le Seigneur lui avait dévoilé une partie de ses secrets, ou qu'elle même avait vu le ciel, tant sa parole était pénétrante et émue. Mais c'était surtout en parlant de Notre-Seigneur, de son amour pour les hommes, qu'elle semblait un séraphin, aux lèvres enflammées ; sa bouche parlait de l'abondance de son cœur ; et les sœurs avouaient être plus touchées de ses instructions que de celles des plus savants prédicateurs.

La Mère Vincent n'était pas moins admirable dans sa direction. Ayant à un haut degré le discernement des esprits, elle semblait lire dans l'âme de ses filles. C'est pourquoi elle leur indiquait les moyens les plus propres pour l'acquisition des vertus, en même temps qu'elle leur faisait accepter les remèdes spirituels, qui pouvaient les guérir et les préserver d'une vie lâche et tiède. Avec quel talent elle savait connaître et même deviner leurs tentations ! Comme elle comprenait bien leurs peines intérieures ! Aussi elle les encourageait, elle les consolait ; et les sœurs, en sortant de direction, semblaient avoir déposé le fardeau de toutes leurs peines et de toutes leurs misères entre les mains d'une Mère si bonne et si sainte. La Mère Vincent ne voulait pas que les religieuses quittassent la communion pour des raisons frivoles. Elle s'efforçait par conséquent d'apaiser leurs vaines terreurs, sachant bien que N. S. Jésus-Christ ne désire rien tant que de s'unir à ses épouses bien-aimées dans le sacrement de son amour, pour leur inspirer la pureté et le dévouement.

C'est au tabernacle eucharistique que la Mère Vincent entraînait ses filles à l'odeur de ses parfums, comme des colombes qui volent vers le colombier. Car leur demandant des sacrifices, elle était bien aise de les grouper autour de ce Dieu victime, qui nous apprend à nous immoler, en même temps qu'il nous donne la grâce du renoncement.

Le gouvernement et la direction de la sœur Vincent comme supérieure était donc fort, sans doute, mais elle avait trouvé le secret de le rendre onctueux et doux, sinon en lui-même, du moins par cette huile, ruisselant de la pierre eucharistique, et du Cœur sacré de Jésus, ce creux du rocher, où la colombe trouve son nid dans la force et dans la douceur. Quel ravissant spectacle donnait donc à Dieu et à ses anges cette petite Communauté de St-Joseph, s'élançant, à la suite de sa digne Mère, sur les pas du Sauveur !... Quelle floraison de vertus dans ce mystique parterre! Là, on livrait vaillamment les saints combats contre la nature et les sens, et les palmes s'entrelaçaient merveilleusement aux lis, dans les victoires remportées à chaque jour, à chaque instant, par ces courageuses vierges. L'exemple de la mère donnait aux filles la sainte émulation du sacrifice. La supérieure ne craignait pas de s'abaisser au-dessous de toutes ses sœurs par son humilité. Aussi, quand elle croyait les avoir contristées, elle leur demandait pardon ; souvent elle s'est mise à genoux devant elles. Une fois en particulier une religieuse se montrait inconsolable de la sortie d'une de ses nièces postulantes ; la Mère Vincent se jeta à ses pieds la priant de lui pardonner une mesure, qui avait été prise cependant par la Communauté tout entière. Mais rien ne coûtait à cette âme héroïque quand il s'agissait de se vaincre et de mourir à tout.

S'il est impossible de dire tout le bien que cette digne supérieure a fait dans l'intérieur de son monastère, comment exprimer son influence en dehors du cloître sur les personnes du monde, et sur les pauvres malades en particulier, le tendre objet de son zèle ? Toutes les personnes qui se sont trouvées en rapport avec elle, ont senti ce prestige d'une grande âme et subi cet ascendant que donne la vertu. Ayant des manières très-distinguées, un langage où l'esprit et le cœur se révélaient tour à tour avec tant de noblesse et de charme, la sœur Vincent fut constamment considérée par tous comme une supérieure hors ligne. Aussi les différentes administrations qui se sont succédé dans l'Hôpital, les médecins, les magistrats, tous ont entouré de leur estime, une personne dont ils avaient la plus haute idée, et qui était pour eux *l'idéal de la religieuse.* Il est impossible de dire combien la vie de la Mère Vincent a honoré la religion et lui a concilié de cœurs.

CHAPITRE XII

Supérieure et servante des pauvres.

Mais cette dignité et cette noblesse de la vierge chrétienne, qui excitaient à un si haut point l'admiration du monde, la mère Vincent venait les déposer au chevet des pauvres malades ; car sa plus grande gloire, c'était d'être la servante de Jésus-Christ dans ses membres souffrants. Les pauvres malades ! Ah ! c'était surtout en leur faveur que la sœur Vincent se sentait Mère, et le grand privilège de sa supériorité c'était de pouvoir leur faire plus de bien. Aussi elle ne manqua aucune occasion, pendant tout le temps qu'elle fut supérieure, de plaider auprès de l'administration la cause de ses chers malades. On peut dire qu'elle fut une avocate habile, à en juger par l'Hôpital de l'Isle qui est un véritable petit bijou. Rien n'égale la propreté de ces salles, où les malades sont traités avec un confortable et les soins, on peut le dire, les plus délicats. Tout, dans cet établissement, depuis les corridors jusqu'au jardin, depuis la chapelle jusqu'à la pharmacie, respire une noble et élégante simplicité, et le désigne admirablement comme Hôtel-Dieu, c'est-à-dire comme la maison où Jésus-Christ donne à ses plus chers amis les pauvres l'hospitalité.

La Mère Vincent appréciait son titre d'hospitalière comme le plus glorieux qu'elle pût avoir ; et son immense joie était d'en remplir les fonctions. Il fallait la voir à la tête de ses filles quand elle venait présider aux repas des malades, et réciter avec eux les prières chrétiennes. Avec quel accent ému elle priait au mi lieu des pauvres! avec quelle tendre vénération elle les servait! Elle se faisait si petite avec les petits, si douce et si cordiale avec les malheureux !

Comme supérieure, il lui était permis de choisir dans le service des malades, ce qu'il y avait de plus pénible et de plus rebutant pour la nature, et certes, elle usait amplement du privilège qu'elle avait pour pouvoir se dévouer davantage.

Quelquefois au milieu des occupations de sa charité, on la voyait se recueillir profondément ; un doux soupir sortait de son cœur, son regard s'élevait vers le ciel, et ses lèvres murmuraient tout bas ces paroles : « J'ai eu faim, et vous m'avez donné à manger ; j'ai eu soif, et vous m'avez donné à boire ; j'ai été infirme et vous m'avez visité !... » Ah! c'est qu'elle avait aperçu dans tous ces infortunés, à la clarté de sa foi, la personne même de Jésus-Christ. Aussi, elle n'avait plus de peine à les supporter, à les aimer... les ulcères, les plaies dont ils étaient couverts se changeaient à ses yeux en précieux diamants. Et pourquoi alors aurait-elle hésité à toucher de ses mains, à panser avec délices ces stigmates de la souffrance, qui lui rappelaient celles que le Sauveur reçut pour nous sur l'arbre du Calvaire ? Oui, là Mère Vincent a accompli quelquefois ces actes héroïques que nous lisons avec étonnement dans l'histoire des Saints.

L'amour des pauvres avait dans son cœur les plus profondes racines ; elle ne se lassait pas de l'inspirer à ses religieuses ; dans les derniers jours de sa vie, elle leur disait encore : « Aimez les malades, mes chères filles, soignez-les bien ; ne plaignez ni votre temps, ni votre peine. Leur service passe avant la prière ; en entrant dans la salle, pénétrez-vous de cette pensée qu'il y a autant de Jésus-Christ qu'il y a de pauvres malades couchés ; ce sont les membres de cet adorable Sauveur. » C'était cette considération qui l'avait rendue elle-même si tendre et si compatissante, assouplissant ainsi son caractère naturellement haut et réservé; c'était ce qui lui avait fait vaincre toute espèce de répugnance.

Doit-on s'étonner maintenant du respect et de l'amour dont elle était l'objet de la part des pauvres malades? La Mère Vincent était pour eux l'image de la Providence divine, et quand elle s'approchait de leur lit, ils se sentaient heureux. Pendant sa dernière maladie un homme dont elle avait soigné le doigt pendant quelque temps disait : « S'il me fallait donner ce doigt pour obtenir la guérison de la Mère Vincent, je le donnerais sur l'heure et plus encore ; jamais je ne rendrai à cette bienheureuse ce qu'elle m'a fait. » Et cet homme n'était pas le seul a parler de la sorte. La confiance que les malades savaient en elle leur faisait accueillir volontiers ses avis et ses instructions ; la digne Mère cherchait à la mettre à profit en leur faveur; ayant soulagé leurs infirmités corporelles, elle s'attachait à sauver leurs âmes. Elle ne craignait pas alors de leur montrer les grandes vérités de la foi, leur adressant tour à tout des paroles de menace et d'espérance. Combien de pécheurs ont été ainsi ramenés à Dieu par son moyen ! A combien de pauvres brebis égarées elle a ouvert les portes du bercail ! Il était difficile de se soustraire à ses exhortations si pressantes et si pleines d'onction. Quand il y avait dans les salles quelque jeunes filles dont l'innocence avait fait naufrage, elle employait tous les moyens pour les retirer du désordre ; et si elles recouvraient la santé, elle cherchait à leur procurer un asile assuré dans quelque maison de refuge. Que de mères de famille sont sorties de l'hôpital avec la ferme résolution de mener à l'avenir une vie fervente ! que de jeunes personnes, qu'elle avait soignées dans leurs maladies, ou qui, se sentant attirées par sa réputation de sainteté, s'empressaient de venir la consulter ensuite, faisant appel à sa sagesse et à sa grande expérience ! D'une grande justesse de jugement, d'un tact parfait dans les affaires, elle savait donner à tous avec discernement les consolations et les conseils dont ils pouvaient avoir besoin ; ses décisions étaient reçues comme celles de Dieu lui-même et apportaient dans les âmes le calme et la paix. Les hommes les moins religieux se trouvaient subjugués, pour ainsi dire, par sa haute vertu ; et personne n'a pu se soustraire à la chaleur de ce flambeau, que Dieu avait allumé dans son église.

Il fallait voir surtout la Mère Vincent auprès des mourants. Elle avait un talent tout particulier pour leur faire accepter avec résignation l'épreuve suprême. Elle leur faisait faire d'une manière extrêmement touchante des actes de patience et d'amour de Dieu ; de telle sorte, qu'assistés par elle, ces pauvres agonisants, après avoir baisé tendrement le crucifix, rendaient leur dernier soupir dans les joies de l'espérance chrétienne. A combien d'âmes elle a dû ouvrir ainsi le céleste séjour!

Mais où donc la Mère Vincent allait-elle puiser cette charité, dont les eaux abondantes de l'épreuve ne pouvaient éteindre les flammes, et dont elle entourait le prochain ? Où cherchait-elle ces lumières et ces ardeurs, qu'elle répandait dans les âmes ? C'était dans la prière et dans une union continuelle avec Jésus-Christ. Aussi bien, les merveilles de sa vie cachée et intérieure sont bien plus ravissantes que les prodiges de sa vie extérieure de dévouement. Qui pourrait les raconter? La sœur Vincent s'était fait la plus haute idée des obligations imposées à une religieuse en conséquence de sa vocation. Elle est l'Épouse de Jésus !... destinée à le perpétuer dans l'Église!.... à continuer son sacrifice, à vivre de sa vie, à se consommer avec lui et en lui dans l'unité de l'amour! Cette fin sublime, elle ne la perdit jamais de vue ; de sorte qu'ayant posé des degrés d'ascension dans son cœur, elle monta toujours de vertu en vertu, et s'efforça de parvenir au sommet de l'union divine.

Posée en Jésus-Christ, fondée et enracinée en lui, comme s'exprime le grand Apôtre, la Mère Vincent appartenait à cette génération d'âmes généreuses, qui ressemblent a la montagne de Sion, et que rien ne saurait ébranler. C'était vraiment la femme forte, dont parle l'Écriture. Elle en donna des preuves dans les premières années de la fondation, où la maison était dépourvue de tant de choses les plus nécessaires, alors que les sujets manquaient pour remplir les emplois.

Il fallait tout créer, pour ainsi dire. Mais les travaux entrepris pour la gloire du divin maître ne parvinrent jamais à décourager cette fidèle servante, heureuse de souffrir. Rien n'égalait sa confiance en Dieu ; aucun événement fâcheux ne la faisait craindre ; elle aurait vu, sans être ébranlée, l'univers entier crouler à ses pieds et l'envelopper de ses ruines. La sainte et aimable volonté de Dieu, à laquelle elle adhérait cordialement en tout et partout, voilà le secret de sa force, l'appui de son inébranlable confiance. Les plus rudes épreuves la trouvaient soumise au bon plaisir divin ; la perte même de ses chères filles, dont la mort fit en quelques années seulement une nombreuse moisson, la laissait résignée, souriant à la croix. Pourtant elle les portait au plus intime de son cœur ; et c'était sur elles que reposaient toutes les espérances de la communauté ; mais comment refuser à Dieu quelque chose ? Comment ne pas dire : « Oui mon Dieu, comme vous le voulez ! » C'est pourquoi la sœur Vincent avait toujours sur les lèvres le cri de la résignation : *Fiat !* C'était le doux gémissement de cette colombe aimante et résignée. L'abandon de la Mère Vincent est si connu de tout l'Institut de Saint-Joseph que son *Fiat* y a passé en proverbe.

Dieu a souvent récompensé cet abandon d'une manière, j'oserais dire, miraculeuse. La communauté un jour se trouva dans un grand embarras. Il survint un paiement auquel on ne s'attendait point ; impossible de trouver l'argent nécessaire. Dans son anxiété la Mère Vincent va promptement remettre les papiers entre les mains de la Sainte-Vierge en lui disant : « O ma Mère, ma bonne et sainte Mère, vous êtes la Supérieure de ce monastère, vous ne l'ignorez pas — voilà donc les papiers. » Et elle les lui laissa. Marie daigna répondre à cette filiale confiance. Peu après une personne arrive et présente la somme voulue.

Une autre fois, le blé étant très-cher, on craignit de ne pas en avoir suffisamment pour arriver à la récolte. La digne Supérieure fait placer au milieu du tas de blé, formant toute la provision, une supplique adressée à la Sainte-Vierge, ainsi que sa médaille. Chose remarquable ! le blé ne diminua point comme on l'avait redouté un instant, et on put arriver sans peine à l'époque de la moisson. La protection de Marie s'était de nouveau montrée visiblement.

Il est inutile de citer d'autres faits qui prouvent cette confiance illimitée de la sœur Vincent, et la manière dont y répondit la divine Providence. Cette

sainte Supérieure osait tout demander à son Seigneur
et à son Dieu, et tout attendre de son amour. Pendant
le choléra une des sœurs fut atteinte par la cruelle
maladie.

Au bout de quelques heures, les médecins, désespé-
rant de son état, ne craignirent pas de dire qu'elle était
perdue. La Mère Vincent eut recours alors à son moyen
ordinaire: la prière. Elle plaça sur le lit de la sœur
malade quelques saintes reliques; et puis ayant réuni
la Communauté, elle la conduisit en procession à sa
cellule, en portant la statue de Marie. Le mal ne fit
plus de progrès; et la sœur se trouva bientôt guérie
au grand étonnement des médecins.

Nous placerons ici un fait remarquable.

C'était en 1835, pendant que le fléau du choléra sé-
vissait cruellement à l'Isle. La Mère Vincent ne cessait de conjurer le Seigneur d'avoir pitié de son
peuple. A cette intention elle offrait à Dieu des
larmes et des prières, des œuvres de pénitence et des
actes d'amour. Alors son oraison se prolongeait souvent
bien avant dans la nuit. Donc, une nuit qu'elle priait,
elle vint à jeter ses yeux vers la fenêtre de sa cellule.
Tout à coup elle aperçoit la Très-Sainte Vierge,
brillant au firmament comme l'étoile de l'espérance;
elle couvrait la ville de son manteau. « O Marie, ô
mon auguste Mère, s'écrie la sainte religieuse en tom-
bant à genoux, miséricorde pour cette ville. » La vision avait disparu, et elle continuait à répéter: « Miséricorde, ô Marie! » Le fléau cessa peu de jours après.
La Mère des miséricordes avait apaisé la colère divine, à la sollicitation d'une âme fervente et pure. Le
monde pourra-t-il enfin comprendre à quoi servent
non seulement les vierges, qui se dévouent dans les
hôpitaux, mais encore celles qui prient et qui s'immo-
lent dans le silence des cloîtres?

La sœur Vincent était vraiement le modèle des supérieures. Elle veillait à tout, sa sollicitude s'étendait sur tout. Tout en voulant que ses sœurs fussent des saintes, comme il convient à des épouses de Jésus-Christ, elle savait compatir à leurs faiblesses et à leurs infirmités avec un cœur de mère. C'est surtout quand elles étaient malades qu'éclatait sa charité. Elle ne reculait devant aucun moyen pour leur procurer la santé. Mais si Dieu semblait exiger le sacrifice de ces chères sœurs, alors elle ne voulait céder à personne le soin de les consoler, et de les disposer à ce dernier passage. Assise au chevet de leur lit, elle leur parlait avec une onction céleste et une tendresse maternelle. Et quand la mort était venue lui ravir quelqu'une de ses filles bien aimées, elle offrait à Dieu pour le repos de son âme les oraisons les plus ferventes, et continuait à prier et à faire prier pour elle pendant une année entière après son décès.

Grâce à la sage administration de la Mère Vincent, la Communauté parvint à racheter totalement l'ancien monastère des sœurs hospitalières dont elle ne possédait qu'une partie. Cette digne supérieure voulait sans doute que ses filles fussent les dernières dans la maison du Seigneur, et ne se départissent jamais de la pratique et de l'esprit de la sainte pauvreté ; mais elle tenait à ce que leur habitation fût saine et agréable ; elle n'ignorait pas que la régularité à tout a gagner dans un couvent assez spacieux et convenablement ordonné ; et puis, en sortant des salles des malades, après avoir respiré un air malsain, n'était-il pas à désirer que les religieuses pussent trouver quelque agrément dans leur paradis cloîtré, ce délicieux Thabor de la terre pour toutes les âmes qui ont suivi le Seigneur Jésus ?

CHAPITRE III

La sœur Vincent Maîtresse des novices.

Ce fut avec une véritable joie que la mère Vincent déposa la charge de supérieure au mois de septembre de l'année 1837. Son humilité lui persuadait sans cesse qu'elle était peu propre à commander aux autres, et lui faisait désirer d'être la plus petite entre ses sœurs dans la maison de Dieu. Mais la communauté, ne pouvant plus l'avoir à sa tête, voulut utiliser ses lumières et rendre hommage à ses talents et à ses vertus. Elle fut nommée assistante et maîtresse des novices. Il était impossible de donner un guide plus expérimenté dans les voies divines à ces jeunes âmes, attirées par de mystérieux parfums à la vie religieuse, et demandant à l'Ange du cloître, comme Tobie à Raphaël, le chemin qui conduit à la perfection. C'est là que la sœur Vincent est dans son élément et dans son rôle providentiel. Parler de Dieu à sa créature ; enfanter Jésus-Christ dans les âmes ; distiller de son cœur, où elle surabonde, la doctrine des Saints, qu'est-ce qui pouvait mieux lui convenir ? Pour parler de Dieu aux autres, il faut d'abord parler à Dieu dans la prière, et la sœur Vincent était une âme d'oraison ; elle possédait au plus haut degré l'esprit de prière. Pour communiquer notre Seigneur il faut le posséder soi-même ; et la sœur Vincent gardait comme un bouquet de myrrhe, dans le tabernacle de son cœur, ce Jésus avec qui elle se tenait si étroitement unie. Pour apprendre la théorie de la perfection, il faut la pratiquer d'avance, et les vertus que l'on enseigne le mieux sont celles dont on donne l'exemple. Or, la sœur Vincent, comme le divin Maître, *a commencé par faire*, puis *elle a enseigné*. Elle a pu communiquer avec fruit la science de la sainteté, parce qu'elle a été sainte.

Sa direction comme maîtresse fut acceptée avec bonheur par tout le noviciat, qui avait d'elle la plus haute idée. Notre vénérée sœur n'eut pas de peine à gagner la confiance de ses chères novices qui l'aimaient déjà comme une mère, et la respectaient comme un modèle parfait. Elle mit à profit cette confiance pour façonner à la vertu et aux pratiques de la vie religieuse ces âmes tendre et dociles, et en faire les dignes épouses du Seigneur. Elle n'épargna rien pour arriver à ce but. Elle donna à ces jeunes plantes du jardin de l'Époux toute la culture dont elles étaient capables pour leur faire produire, à l'aide de la céleste rosée de la grâce, les fleurs et les fruits qui ravissent le Roi des vierges. Elle employait tous les moyens possibles pour former ses novices : les conférences spirituelles, la direction, les enseignements, les épreuves !... oui, les épreuves, elle ne leur en faisait pas faute, car elle voulait qu'elles devinssent des religieuses fortement trempées, et enracinées dans l'abnégation et le sacrifice. Il ne fallait pas, avec la mère Vincent, écouter la lâcheté ni l'amour propre ; se renoncer, faire mourir la nature c'était le résumé de toutes ses leçons. Bon gré mal gré, on devait, sous la conduite d'une telle maîtresse, marcher dans le chemin d'une vie fervente, car elle aimait ses novices dans les entrailles de Jésus-Christ ; c'était Jésus-Christ qu'elle aimait en chacune d'elles ; et

elle pouvait lui adresser ces belles paroles de l'Apôtre :
« J'ai pour vous un amour de jalousie, et d'une jalousie
de Dieu, parce que je vous ai fiancée à cet unique
Époux qui est Jésus-Christ, pour vous présenter à lui
comme une vierge toute pure. » Aussi elle ne pouvait
souffrir de défauts dans ces victimes choisies, destinées
à l'holocauste du divin amour ; elle les voulait sans
tache. Les religieuses, formées par la mère Vincent
ont toutes apprécié l'immense faveur d'avoir été con-
duites par une main aussi ferme, qui savait, au besoin,
s'assouplir merveilleusement. La sage et prudente
maîtresse avait des ressources admirables pour guérir
les blessures que sa main avait faites. Elle propor-
tionnait toujours l'épreuve aux forces de la novice, et
son cœur, débordant d'une tendresse toute maternelle,
achevait de la gagner en Jésus-Christ et à la perfection. Les novices se sentaient aimées ; aussi dans leurs
peines et leurs anxiétés elles recouraient à leur
bonne maîtresse avec une simplicité filiale. La mère
Vincent avait le talent de les calmer, de faire revivre
en elles l'espérance et la joie. Une parole avait suffi le
plus souvent pour leur rendre la sérénité ; moins
que cela, une caresse, ou un sourire. L'habile maîtresse n'attendait pas quelquefois que la peine lui fût
communiquée ; elle savait, en la devinant, y apporter
un prompt remède. C'est que sa sollicitude était toujours en éveil.

Le démon ne dort pas dans les pièges qu'il tend aux
âmes pour les perdre ; pourrait-on se reposer et cesser
de veiller, lorsque, à l'exemple des bons anges, on a
pour mission de travailler à leur salut ? La mère Vincent offrait à Dieu pour son cher noviciat les suppli-
cations les plus ardentes, de telle sorte qu'en traitant
avec le ciel, elle ne le perdait jamais de vue, et lors-

que ensuite, à l'exemple de Moïse, elle descendait de la montagne sainte, la face illuminée des rayons divins, elle avait une grâce plus puissante et une autorité irrésistible pour enseigner la vertu. Elle s'attachait d'abord à poursuivre, dans ses novices, la nature et l'amour propre dans leurs replis les plus cachés ; elle cherchait ensuite à purifier leurs intentions, et leur apprenait à n'avoir en vue que Dieu seul en toutes choses, et à n'agir, dans les actions les plus communes, que par le motif du pur amour. Elle leur enseignait particulièrement à faire oraison, sachant bien que l'oraison est l'âme de la vie intérieure, et qu'elle nous donne des ailes comme à la colombe pour voler jusqu'à Dieu. « Quand vous priez, disait-elle à ses novices, mettez-vous en présence de Dieu comme devant un soleil, lui disant : Divin soleil de justice, dardez vos rayons sur cette boue de mon cœur, afin de la dessécher et de la rendre moins infecte. » La sœur Vincent faisait allusion sans doute à ce feu sacré que les prêtres d'Israël, avant de partir pour l'exil, cachèrent dans un puits profond ; et qui, après de longues années, ayant été retiré par les ordres de Néhémias, sous la forme d'une eau fangeuse, s'alluma de nouveau et redevint un feu brillant, quand le soleil, sortant d'un nuage, vint la frapper de ses rayons. Image de la puissance de la grâce divine, qui vient dépouiller l'âme de ses misères et la transfigurer pendant qu'elle prie. Laisser beaucoup à l'action de Dieu, y adhérer avec fidélité, c'est le secret des saints ; c'était la doctrine de la sœur Vincent.

Mais il est inutile de la suivre dans tous ses enseignements, si pleins de l'esprit de Dieu. Elle finissait à force de dévouement et de tendresse par gagner à Jésus-Christ ces jeunes sœurs, confiées à ses soins.

3

Une des postulantes paraissait n'avoir pas toutes les conditions requises de santé pour être reçue ; la communauté était depuis longtemps indécise et était sur le point de la renvoyer. La charitable maîtresse fit faire trois neuvaines consécutives à sainte Philomène en qui elle avait une grande dévotion, fit brûler une lampe à son autel, et obtint, par son intercession, la santé nécessaire à la jeune personne pour devenir hospitalière.

Rien n'égalait la sollicitude de la sœur Vincent, lorsque ses novices étaient malades. Alors elle avait pour elles les attentions les plus délicates et les plus tendres ; elle se faisait leur infirmière, ne craignant pas de passer les jours et les nuits à leur chevet, balayant l'infirmerie, et leur rendant les services les plus humbles. Son cœur de mère s'exprimait par des larmes abondantes, quand elle les voyait dans une plus grande souffrance ou dans un plus pressant danger ; elle disait avec saint Paul : « Qui est infirme, sans que je le sois aussi ? »

Voici un trait héroïque de cette charité qui ne reculait devant aucun sacrifice. C'était en 1839 ; une jeune postulante avait au pied droit un abcès très-dégoûtant. Déjà depuis quelque temps la digne maîtresse le lui pansait avec grand soin. Un jour, après l'action de grâces, elle se rend à l'infirmerie, comme cédant à une inspiration du ciel. Elle s'approche alors de la sœur malade, se met à genoux, découvre la plaie, et avec un courage surhumain, y applique ses lèvres et sa langue, sanctifiées par l'attouchement du Dieu de l'Eucharistie. La sœur qui fut l'objet de cet acte sublime est âgée actuellement de 64 ans ; elle l'avait tenu caché jusqu'à ce jour pour ne point attrister la profonde modestie de sa vénérable mère.

La sœur Vincent exigeait avant tout de ses novices une bonne vocation et une ferme volonté d'être à Dieu. Quand elle voyait en elles ces saintes dispositions, elle était coulante pour tout le reste. Elle ne les refusait jamais pour raison de pauvreté ; elle faisait des instances auprès de la communauté pour qu'on les reçût sans dot. Si on lui représentait que le couvent était pauvre, « c'est vrai, disait-elle, mais ayons confiance en Dieu ; il nous bénira pour cet acte de charité. Quand une jeune personne est riche, elle trouve toujours à se placer ailleurs, mais puisqu'elle est pauvre, recevons-la, car sans cela, elle ne serait jamais peut-être religieuse. » Donner à Notre-Seigneur des épouses ferventes, comme autant de diamants pour son royal diadème, c'était sa félicité. C'est ce qui lui faisait passer même quelquefois par-dessus la santé. « Mes sœurs, disait-elle, faisons comme nous voudrions qu'il nous fût fait. Ces pauvres novices n'ont pas de santé sans doute, mais elles sont si bonnes ! si elles meurent bientôt, elles recevront la couronne des vierges, et elles iront prier au ciel pour la communauté qui les aura reçues si charitablement. Il nous en reviendra toujours du bien. »

Les novices trouvaient donc dans leur digne maîtresse lumière et exemple, tendresse et appui.

Ainsi autrefois, au noviciat de Paray-le-Monial, la bienheureuse Marguerite-Marie cultivait les jeunes plantes du parterre mystique, et entraînait après elle à l'odeur de ses parfums, jusqu'au cœur du divin Époux, les âmes choisies qui lui étaient confiées.

La sœur Vincent, quoique d'un ordre différent, appartenait à cette chaste et glorieuse génération de religieuses, où resplendit en tête l'amante fidèle du Sacré-Cœur. Comme Marguerite Marie elle a pratiqué toutes les vertus dans un degré admirable.

Un champ immense s'ouvre ici devant nous. Nous renonçons à le parcourir. Seulement qu'il nous suffise de cueillir quelques-unes des fleurs, dont il est émaillé, pour en faire un bouquet à la gloire de Jésus et à notre édification. Mais avant de parler de ses vertus, disons qu'après avoir passé six années dans la charge d'assistante et de maîtresse des novices, elle fut de nouveau élue supérieure, de sorte que, jusqu'à la fin de sa longue carrière, elle a passé successivement dans l'une ou l'autre de ces fonctions, qui lui ont permis d'être l'ange visible de sa Communauté.

Il faudrait se répéter pour dire tout le bien qu'elle y opéra, quand elle fut placée de nouveau à sa tête. Puisant ses inspirations à la même source, elle répandait toujours des flots de lumière et de charité, avec cette différence qu'on la voyait encore plus consommée en Dieu, à mesure qu'elle s'approchait du terme de sa carrière. On a remarqué que cette espèce de raideur qu'elle avait dans le commandement avait fini par disparaître, pour faire place à une condescendance suave. Au contact journalier de son cœur avec le Cœur sacré de Jésus, elle avait appris à compatir, à se faire petite et douce, indulgente à l'excès. Et puis, si le bon Maître ne lui avait pas laissé cette froideur du premier abord, cette surprise de mécontentement qu'elle faisait paraître, quand on venait troubler ses tendres colloques avec Jésus, mais qui disparaissait aussitôt pour faire place à un gracieux sourire, eh, bien! les sœurs avouent qu'elles l'auraient trop aimée naturellement et se seraient attachées à elle, à l'excès. Ce qui eût été la peine la plus sensible pour son cœur, uniquement épris de l'amour de Jésus.

La Mère Vincent était supérieure lorsque mourut, en 1853, à l'âge de 81 ans, la vénérable sœur Guin-

trandy, première supérieure de la fondation. Humble
et douce de cœur, selon la leçon du divin Maître, aimant par dessus tout la vie cachée, et avec cela
d'une condescendance admirable, attentive à soulager
ses sœurs dans les moindres choses et à les poursuivre de son inépuisable charité, telle était cette digne fille de saint Joseph, qui exhalait autour d'elle
les doux parfums de la sainte famille de Nazareth. La
Mère Vincent restait seule des quatre religieuses qui
composaient la petite colonie arrivée d'Avignon ; mais
déjà elle avait peuplé le cloître d'un grand nombre
de vierges, toutes désireuses d'imiter ses vertus.

CHAPTRE IV

Les ailes de la Colombe.

Avant de parcourir en détail quelques-unes de ces vertus qu'elle a pratiquées à la manière des Saints, voyons d'abord les deux grands moyens dont elle s'est servie pour arriver à une si sublime perfection.

Le premier moyen qu'elle employa, ce fut la fidélité à l'oraison. L'union divine avait été la soif de toute sa vie. Elle savait que l'oraison nous ouvre les fontaines du Sauveur, où l'âme puise avec abondance les eaux qui désaltèrent, qui purifient, et qui rejaillissent jusqu'à la vie éternelle. C'est donc à la prière que la sœur Vincent avait recours pour croître dans la grâce et la connaissance de Notre-Seigneur Jésus-Christ, et pour se revêtir de plus en plus de son divin Époux en faisant mourir en elle-même le vieil homme ; c'est dans l'oraison que le feu de l'amour de Dieu s'embrasait dans son cœur, et qu'elle y disposait ces degrés d'ascension, ces désirs ardents d'humiliations et de sacrifices.

La sœur Vincent allait à l'oraison comme à un festin : elle y employait chaque jour des heures entières. Comme Marie Madeleine elle se trouvait bien aux pieds du Sauveur, et s'y tenait avec une modestie et un recueillement extrême, pour écouter en silence sa parole bénie, pour le contempler dans un doux ravissement, pour épancher les plus tendres colloques. Que se passait-il alors entre Jésus et sa fidèle servante ? Sa profonde humilité a toujours tenu cachées les merveilles de la grâce dont elle a été l'objet. Dieu a permis toutefois qu'elle ait laissé échapper quelques rayons du soleil divin qui transfigurait sa belle âme. On la voyait, dans la saison la plus rigoureuse, sortir de l'oraison et de l'action de grâces, toute brûlante, et le visage irradié d'un éclat surnaturel Elle demeurait, dans l'attitude d'un séraphin, quatre et même cinq heures à genoux devant le Saint-Sacrement, perdue et comme abîmée en présence de Celui qui l'occupait tout entière et l'enchaînait délicieusement. Certes, il lui fallait pour cela une assistance toute particulière de Dieu ; car la force de son caractère et l'énergie de sa volonté n'auraient pas suffi à la soutenir dans ses dernières années. Or la sœur Vincent, quoique accablée par l'âge et les infirmités, a toujours persévéré dans l'exercice de la prière. Lorsqu'elle ne pouvait plus aller au service des pauvres, elle venait se reposer aux pieds du Bien-Aimé, captif au Tabernacle ; elle disait : « Je me suis assise à l'ombre de Celui que j'aime, et son fruit est doux à ma bouche. » Elle se dédommageait de ne pouvoir plus se dévouer pour le prochain en faisant oraison, et alors, c'était bien une autre espèce de dévouement ; car elle priait avec larmes pour les pécheurs, pour les besoins de la sainte Église, pour son auguste chef, pour la France, sa patrie d'ici-bas. Elle embrassait dans sa charité toutes les âmes, l'univers entier, qu'elle aurait voulu voir, au prix de sa vie, tomber en adoration en face de ce grand Roi immortel des siècles, à qui est dû tout amour et toute louange.

Un jour la sainte religieuse, comme une colombe blessée par la flèche du divin amour, priait aux pieds de son crucifix. Un doux gémissement s'exhalait de sa poitrine... Tout à coup le Seigneur Jésus lui apparaît... Sa tête auguste portait la couronne d'épines, et ses membres étaient couverts de plaies sanglantes, comme au jour de sa flagellation... « Ma fille, lui dit alors le divin Époux, considère les plaies que me font les pécheurs... Je te demande de prier pour ces infortunés qui se perdent et que je veux sauver ! » L'humble religieuse faillit mourir de douleur et d'amour aux pieds de son Bien-Aimé. Elle s'offrit pour victime... et depuis elle s'attacha à tout faire, à tout supporter en esprit de réparation et d'immolation. La croix de Jésus lui devint encore plus chère. L'oraison portait ses fruits de renoncement et de sacrifice.

Le Tabernacle de Jésus-Hostie attirait à ses parfums cette âme virginale. La présence eucharistique la plongeait comme dans l'extase, et ne lui permettait pas de prendre une autre posture que celle d'à genoux, où elle passait les heures entières, comme un fugitif instant. Elle y allait autant que ses occupations et les exigences de la règle pouvaient le lui permettre. Tous les jours, depuis onze heures et demi jusqu'à midi, on la trouvait en adoration devant son Dieu, prisonnier d'amour ; et alors, se croyant seule, elle trahissait souvent sa présence par des soupirs profonds, et des paroles brûlantes, comme celle-ci. « Vous savez bien, ô mon Jésus, que je vous aime ! »

Dans les dernières années de sa vie, quand elle eut la joie de se voir enfin déchargée de la supériorité, la sœur Vincent demanda comme un privilège de pouvoir passer sa récréation d'après le dîner au pied du

Tabernacle, toutes les fois que les sœurs la passe-raient dans le jardin. Ah ! son jardin à elle, c'était l'Eucharistie ! Elle y demeurait après la récitation du *Miserere* par la communauté. Comme elle trouvait odorantes les fleurs de son parterre !

Les choses de la terre n'étaient plus rien pour son cœur. Du reste, elle ne les avait jamais aimées. Mais à mesure qu'elle montait sur les ailes de la contem-plation, la terre disparaissait à ses yeux, elle ne voyait plus, elle ne désirait plus que son céleste Époux.

Oh ! laissez-la, cette fidèle épouse, reposer auprès de Jésus, enivrée d'ineffables délices.

« O mon Jésus, disait cette chaste Sulamite en pa-raissant devant lui, je viens vous glorifier pour ceux qui vous outragent, et qui ne pensent pas à vous. » Et puis avec une confiance et une simplicité d'enfant, elle lui disait . « N'est-ce pas, ô mon Jésus, que vous la supportez cette pauvre misérable, qui est à vos pieds, mais qui veut vous aimer ! » et puis avec un douloureux sanglot : « Mon Dieu s'écriait-elle, vous n'êtes pas aimé ! » Et les larmes, qui ruisselaient alors de ses yeux, étaient comme les gouttes de rosée tom-bant sur chacune des fleurs de son parterre eucha-ristique. Les larmes de l'amour s'unissant au sang du Sauveur, quel mélange parfumé !... Le baume de Ga-laad a-t-il autant de senteurs?...

La sœur Vincent profitait de tous les moments qu'elle pouvait passer au chœur, pour s'adonner à sa pratique favorite de l'oraison. On peut dire que son oraison, était comme continuelle, et qu'elle pratiquait à la lettre le précepte évangélique : « *Il faut prier tou-jours et ne cesser jamais*. Les journées ne lui suffisaient pas pour prier ; elle prenait encore sur son sommeil.

Pour satisfaire à la règle, elle se couchait à l'heure prescrite, il est vrai, mais son oraison continuait ; et pour éviter de s'endormir trop tôt, elle récitait souvent les sept psaumes de la pénitence, et bien d'autres prières qu'elle savait par cœur.

C'était la nuit en particulier qu'elle adressait à son Jésus ses amoureux colloques ; son cœur débordant de tendresse s'exprimait par ses lèvres. Du reste, elle était seule, elle n'avait pas de témoins, elle pouvait exhaler les mystères de son cœur !... Étant supérieure elle avait fait disposer pour elle une petite cellule qui n'avait pas plus d'agréments qu'une autre, mais qui avoisinait le sanctuaire. Le Dieu du Tabernacle était tout près ; le mur seulement la séparait de Lui. La sœur Vincent avait ouvert un petit trou, masqué au dedans de l'Église par la statue de sainte Marthe, patronne de l'hôpital, et lui permettant de voir de son lit la lampe du sanctuaire. Donc bien souvent dans le silence de la nuit, cachée dans les trous de la pierre, regardant par la fente du rocher, la mystique tourterelle gémissait d'amour en voyant la lampe allumée ; elle y portait une sainte envie ; elle eût désiré se consumer avec elle.

Le sommeil pouvait venir alors appesantir ses paupières, et la délasser de ses fatigues ; on pouvait dire d'elle comme de son Jésus : « Je dors mais mon cœur veille. »

C'était donc une âme d'une éminente oraison que la mère Vincent ; dans sa méditation le feu de l'amour s'embrasait dans son cœur et la portait quelquefois à l'état extatique, comme il a été facile de s'en convaincre.

L'oraison était le premier moyen qu'elle employait pour s'élever à la perfection des Saints. Le second moyen qui est étroitement uni avec celui-ci, et dont elle savait merveilleusement se servir, était celui de la présence de Dieu. La pratique de la présence de Dieu est tout à la fois une disposition et un fruit de l'oraison. *Marcher devant Dieu, c'est devenir parfait*, selon la parole sacrée. Aussi la sœur Vincent s'efforçait d'avoir toujours Dieu en vue, de telle sorte que, dans toutes ses démarches et dans toutes ses actions, elle ne parlait et n'agissait que pour sa plus grande gloire. Toute autre pensée que celle de Dieu lui était importune. Toute conversation et surtout les visites du parloir lui étaient à charge, si Dieu n'en était l'objet. Lorsqu'elle avait eu la chance d'être visitée par quelque bon serviteur de Dieu ou par quelque âme pieuse qui l'avaient servie selon son goût, « oh ! disait-elle alors agréablement à ses sœurs, aujourd'hui j'ai reçu une bonne visite ; nous avons parlé du bon Jésus, et peut-on s'occuper d'autre chose? »

La sœur Vincent pouvait dire avec saint Paul que *sa demeure était déjà dans les cieux*, à cause de cette foi vive et profonde qui lui découvrait le Seigneur en tout et partout. Elle le voyait dans les pauvres, nous l'avons dit ailleurs ; elle le voyait dans ses sœurs. « Une religieuse, disait-elle souvent, doit se regarder comme un Tabernacle vivant puisqu'elle possède son Dieu par la grâce sanctifiante, et qu'elle reçoit si fréquemment le corps et le sang précieux de Notre-Seigneur Jésus-Christ. » Aussi lorsqu'elle rencontrait une sœur qui avait fait la sainte communion, quoiqu'elle fût supérieure, elle lui faisait une profonde inclination pour honorer en elle la présence divine. Elle voyait surtout le Seigneur en elle-même. Elle savait qu'il habite en nous par la foi et la charité ; or cette présence intime de Dieu vivant en nous, malgré nos misères,

et régnant dans l'empire de notre âme, c'était sa plus
délicieuse occupation. Cette vie intérieure et divine,
c'était la sienne. La sœur Vincent depuis son enfance,
comme nous l'avons dit, s'était abandonnée a là conduite de l'Esprit-Saint. Elle ne passait aucun jour sans
l'invoquer d'une manière particulière en disant le
Veni creator. Elle aimait à rentrer fréquemment en elle-
même pour y trouver cet adorable Esprit, *lien
d'amour* entre le Père et le Fils, et par lequel elle s'unissait à son Dieu. Faisant en sorte de ne jamais contris-
ter ce divin Esprit qui habitait en elle, y priant, comme dit saint Paul, avec des gémissements inénarrables,
elle s'attachait à suivre ses inspirations. On ne doit
pas être étonné après cela des effets merveilleux qui
se manifestaient dans la Mère Vincent, remplie de
l'abondance des dons célestes; on ne doit pas être
étonné surtout de ce recueillement profond, qui lui
était ordinaire; elle se trouvait toujours comme en
face du Seigneur : Aussi son maintien était composé et
modeste, sa parole grave et douce. Elle ne comprenait
pas qu'une religieuse pût se plaire dans la dissipation.
C'est pourquoi elle ne voulait pas que celle-ci pût pénétrer dans cette *solitude intérieure* qu'elle s'était faite
dans son cœur. Au milieu des occupations de son emploi et de sa charité auprès des pauvres malades,
dans tous ses rapports obligés avec les personnes du
monde, elle ne manquait pas de descendre dans le
paradis intime de l'âme, où elle trouvait toujours le
Bien-Aimé et la joie de son cœur. Pendant la récréation de la Communauté, de temps en temps elle donnait un petit signal, pour rappeler à ses sœurs la présence de Dieu et les inviter au recueillement. « O mon
Dieu, écrivait-elle, je veux toujours penser à vous,
parce que vous pensez toujours à moi ; et comme vous

tenez toujours vos yeux arrêtés sur moi sans les détourner jamais, aussi je ne veux jamais vous perdre
de vue. »

Et c'est ainsi que la Mère Vincent ne cessait de
prier. Par le recueillement son oraison allait se ré-
pandant sur toutes les actions de la journée, *de même*
selon l'expression de saint François de Sales, *que*
l'huile répandue sur une table va toujours se dilatant.
Cette sainte religieuse avait éminemment l'esprit de
prière, et ça été le grand ressort de sa sainteté, et le
fondement de toutes ses vertus ; car la prière met Dieu
et sa grâce au service de l'âme, qui peut dire alors véritablement avec le grand Apôtre : « Je puis tout en
celui qui me fortifie. » C'est l'esprit de prière qui a
donné à la vénérée sœur les ailes de la Colombe, pour
voler vers les cîmes élevées de la perfection religieuse.

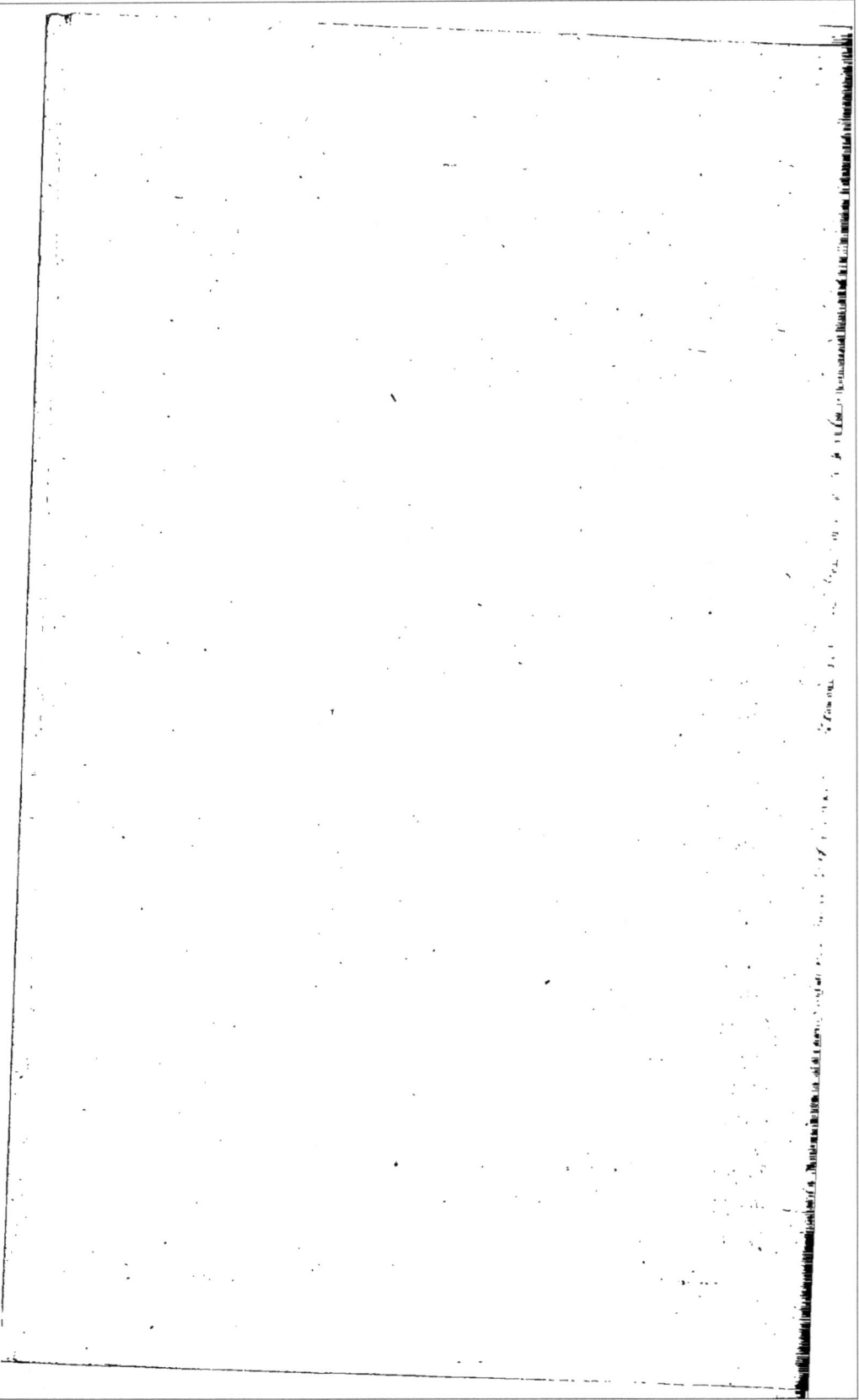

TROISIÈME PARTIE

CHAPITRE I

Vertus de la Mère Vincent. — Foi, espérance, amour divin.

Quelques mots maintenant sur les principales vertus qui ont éclaté dans la Mère Vincent.

Et d'abord son esprit de prière peut donner une idée de la grandeur et de la vivacité de sa foi. Comme le juste de saint Paul, elle a vécu véritablement de la foi. Elle n'agissait jamais que par un principe de foi dans toutes ses actions, refoulant bien loin tous les motifs de la nature et des sens. Comme la Bienheureuse Marguerite-Marie, elle avait des pratiques pour sanctifier jusqu'aux actes les plus indifférents de la journée; ainsi, en prenant ses repas, elle offrait à Dieu chaque bouchée de pain, désirant faire autant de fois la communion spirituelle. Sa foi semblait se ranimer encore auprès des pauvres malades et auprès du Tabernacle eucharistique ; on eût dit qu'elle voyait réellement de ses yeux la personne de Jésus-Christ caché dans ces deux sacrements. Son recueillement semblait s'accroître quand elle rentrait au chœur ; elle s'arrêtait un instant à la porte pour se pénétrer de la présence du grand Dieu qui l'habite.

Son esprit de foi lui faisait porter un grand respect aux personnes consacrées à Dieu et aux ministres des autels. Elle avait surtout une vénération et un amour au-delà de toute expression pour le Vicaire auguste de Jésus-Christ. Elle prenait la plus sensible part aux épreuves et aux douleurs du Souverain Pontife, ne cessant, par ses prières et par ses mortifications, de demander à Dieu de calmer la tempête soulevée contre la barque de l'Église. Oh ! l'Église, sa sainte mère, combien elle lui était dévouée ! combien elle s'estimait heureuse, avec sainte Thérèse, de se dire la fille de l'Église ! Avec quelle joie elle reçut ses décisions doctrinales sur l'Immaculée-Conception et touchant l'infaillibilité du Pape. Elle aurait donné volontiers son sang pour sceller le témoignage de sa foi. C'est pourquoi elle ne s'inquiétait jamais de l'avenir que la Révolution pouvait procurer aux maisons religieuses, estimant que le martyre était la plus grande faveur qu'elle pût recevoir du ciel. Sa foi la mettait donc au-dessus du monde, lui faisant mépriser ensemble et ses caresses et ses menaces. La force d'âme de la Mère Vincent était l'effet de sa foi.

Toutes les pratiques et tous les objets de piété lui étaient chers. Toutes les cérémonies sacrées étaient respectables à ses yeux. Ainsi elle avait beaucoup de dévotion pour l'eau bénite, pour les indulgences, etc. L'Église avait parlé, et sans distinguer, sans discuter, l'humble religieuse avait toujours dans le cœur et sur les lèvres la parole de la foi chrétienne : *Je crois*.

Son espérance n'était pas moins remarquable. La terre était pour elle un véritable exil ; elle avait envoyé tous ses désirs au ciel, où l'attirait le poids de son amour. Aussi elle n'aspirait qu'après la céleste patrie. Ses sœurs n'ont pas oublié les soupirs ardents qui s'exhalaient si souvent de sa poitrine. C'étaient des aspirations d'amour sans doute; mais le Bien-Aimé étant au ciel, c'étaient des cris d'espérance. Comme le cerf altéré soupire après les eaux des fontaines, elle soupirait après ces sources de vie, qui arrosent la sainte Jérusalem, et comme les enfants d'Israël captifs sur la terre étrangère, elle pleurait en pensant à Sion.

La souffrance n'effrayait point cette âme, qui savait par l'espérance que ceux qui pleurent seront un jour consolés. Avec une résignation touchante elle acceptait toutes les peines, toutes les infirmités, toutes les croix en vue du ciel.

La mort même, avec ses ténèbres et ses angoisses, ne lui causait point de terreur. Elle espérait en l'infinie miséricorde de Dieu par Jésus-Christ, son Sauveur; elle s'enfonçait dans ses plaies sacrées, elle était sûre de prendre de là son vol vers les montagnes saintes.

Voici ce que nous avons trouvé dans un petit recueil des rares papiers qu'elle a laissés; car son humilité lui a fait brûler tout le reste. C'est un acte qui paraîtra extraordinaire sans doute; mais les Saints voient de plus haut que nous; c'est un défi jeté à la mort :

« Samedi, sous la protection de Marie, ma bonne Mère, j'ai signé de mon plein gré ce vœu de mourir, quand même je n'y serais pas obligée par la loi générale, qui nous en impose la nécessité; de mourir, dis-je, 1° pour la gloire de Dieu, à qui je dois tout; 2° pour la gloire de Jésus-Christ qui a tant souffert amoureusement pour moi; 3° pour lui rendre grâce de tous ses bienfaits; 4° pour punir mes crimes et satisfaire à sa justice, et enfin pour imiter la mort de Jésus mon Sauveur.

Sœur VINCENT,
esclave de Jésus et de Marie. »

« Je veux souffrir et mourir pour la plus grande gloire de Dieu. »

Et ensuite, ayant, pour ainsi dire, terrassé la souffrance et la mort, entendez les chants de l'espérance : « Que n'ai-je, s'écrie-t-elle, les ailes de la colombe ! je volerais dans les cœurs de Jésus et de Marie...

« O ma patrie !... quand vous verrai-je ?... O beau ciel, objet de tous mes vœux, quand me seront ouverts vos sacrés Tabernacles ?...

« Mon âme, ranime ton courage à la pensée du bonheur ineffable accordé aux élus ; tu es appelée aux mêmes récompenses... Encore un peu de temps, et la couronne sera le prix de ta fidélité.

« Aimer un Dieu du plus parfait amour, le posséder sans crainte et sans alarmes, voir ce grand Dieu nous aimer à son tour, ô Paradis !... voilà quels sont tes charmes.

« Venez combler les désirs de mon cœur, Dieu de bonté, le seul objet que j'aime ! Venez, venez soulager ma langueur !... N'êtes-vous pas pour moi le bien suprême ?... »

La sœur Vincent avait trouvé son refuge dans les plaies sacrées de Jésus ; et rien n'aurait pu ébranler sa confiance en lui. De cette plénitude de confiance naissait en elle un abandon total au bon plaisir divin. On peut dire que la voie du saint abandon a été celle qu'a suivie constamment cette amante fidèle de la croix, qui en toutes choses bénissait le nom du Seigneur ; qui acceptait tout avec une résignation filiale ;

qui, au lieu de murmurer dans les épreuves, s'écriait : *Fiat !* Oui, *ô Père, qu'il en soit comme vous l'avez voulu* ; qui, par la fermeté de son espérance et la plénitude de son abandon, goûtait déjà toutes les douceurs que renferme *l'amen*, chanté par les élus.

Et maintenant que dire de la charité de la vénérable sœur ?... Elle a porté jusqu'à l'héroïsme, comme nous le disions en commençant cette notice, l'amour de Dieu et l'amour du prochain. L'amour de Dieu en a fait d'abord un vrai séraphin, aux ardeurs enflammées. L'amour qui naît de l'espérance est bon sans doute, mais il est imparfait, parce que notre intérêt propre s'y trouve. Mais la charité parfaite, nous élevant au-dessus de nous-mêmes et de notre propre félicité, nous fait aimer Dieu pour lui-même à cause de ses perfections admirables. La sœur Vincent voulait qu'on s'attachât à Dieu par le motif du pur amour, qui lui paraissait seul digne de son excellence infinie. Aussi son unique but dans toutes ses actions était la gloire de Dieu et son pur amour. Ça été toujours l'attrait de cette belle âme tendant constamment à ce qu'il y avait toujours de plus parfait. Mais Dieu permit que cet attrait fût combattu en elle par un tourment intérieur. Longtemps elle fut dominée par la crainte, redoutant toujours de ne pas assez bien faire, ayant peur de la mort et des jugements de Dieu, qu'elle n'avait pas le courage de se proposer comme objet de sa méditation. Mais enfin son cœur se trouva blessé par la flèche mystérieuse de la divine dilection. Après une grave maladie elle se sentit portée uniquement à l'amour. « Si le bon Dieu me donne encore un peu de temps, disait-elle, je ne veux plus vivre que du pur amour ; saint Jean et sainte Madeleine sont les modèles de l'amour ; je les prends pour mes protecteurs. »

Dieu donna un grand nombre d'années à la séraphique sœur ; et lui seul a pu compter les battements de ce cœur brûlant, épris de ses beautés divines. La ferveur était comme son caractère distinctif; au lieu de se ralentir avec le temps, elle allait toujours croissant, comme le soleil montant vers son Midi ; et la jeunesse de son amour pour Dieu semblait se renouveler comme celle de l'aigle.

Qui aurait pu la soutenir dans ses longues oraisons, parmi le froid rigoureux de l'hiver, si ce n'est l'amour divin ? Qui lui faisait braver la fatigue et toutes les répugnances de la nature durant sa longue existence, si pleine de dévouement et de sacrifices, sinon l'amour divin ? Il suffisait de la voir et de l'entendre seulement une fois pour être convaincu que la sœur Vincent aimait son Dieu de toutes les forces de son âme, tant son regard brillait d'un feu céleste, tant sa parole était pénétrante. Voici le témoignage que lui rend une sœur du couvent de Saint-Joseph de la Flèche : « Son amour brûlant pour son Dieu se trahissait malgré le voile d'humilité sous lequel elle s'abritait avec tant de soin ; et nous devinions quelle devait être la générosité de cette grande âme si fervente et si chère à son divin Époux. En effet une vertu si forte, si constante, ne pouvait partir que d'un cœur tout embrasé d'amour pour Jésus ; elle n'aurait pu être si petite, si humble, si cachée, si elle n'avait pas puisé dans le cœur du divin Maître ces précieuses vertus. »

La Mère Vincent, soutenue par l'onction du saint amour, marchait joyeusement dans les sentiers de l'immolation : *sans la douleur on ne peut vivre dans l'amour*. Mais l'amour abrége la distance et donne des ailes : « Mes chères filles, disait-elle souvent à ses religieuses, marchez par l'amour ; on y va plus vîte et plus facilement ; ne relèveriez-vous qu'un *fétu* de paille, faites-le par amour. » Elle avoua une fois à une sœur que son exercice continuel était d'acquiescer à toutes les petites peines et les sacrifices de chaque instant. Il faut, pour en venir là, aimer, non pas seulement de *bouche*, comme dit saint Jean, *mais en œuvre et en vérité.* C'est l'amour divin qui a fait la perfection de l'abandon auquel était parvenue cette digne Mère. Elle disait un jour à une sœur dans les derniers temps de sa vie : « J'ai bien combattu pour arriver à l'abandon, je crois y être parvenue. » Elle disait vrai ; car toutes ses paroles, toute sa manière de faire, n'exprimaient qu'abandon ; elle répétait souvent au milieu de ses souffrances : « Mon Dieu, votre sainte volonté soit faite ! Je veux bien souffrir, oui, je veux tout souffrir, puisque vous le voulez, vous que j'aime de tout mon cœur ! »

L'expression de l'amour divin ne tarissait pas sur ses lèvres ; sa bouche parlait de l'abondance du cœur. Qu'elle était éloquente en parlant de cette beauté toujours ancienne et toujours nouvelle, de cette beauté infinie, dans l'océan de laquelle elle aimait à se plonger et à se perdre heureusement ! La sœur Vincent avait soin de faire de toute sa journée comme une chaîne mystérieuse qui devait l'unir à son Dieu ; car l'union est le terme de l'amour. « En s'éveillant, écrit-elle dans son petit livret de dévotions, il faut dire : Mon Dieu, je vous adore et vous donne mon cœur ; faites-moi la grâce d'employer ce jour à l'exercice de votre amour le plus parfaitement qu'il me sera possible.

« Dans tous les exercices de dévotion que vous faites durant le jour, il n'est rien de plus naturel que de vous entretenir dans l'amour divin. Êtes-vous en oraison ? c'est là qu'on allume ce feu céleste par des aspirations ferventes. Récitez-vous l'office ? à chaque psaume, en disant *Gloria Patri*, vous pouvez produire un excellent acte de charité, souhaiter de tout votre cœur que Dieu soit glorifié par tous les hommes. Récitez-vous les litanies ? en disant si souvent, *Ora pro ñobis*, dites autant de fois en votre cœur, *Priez pour nous*, afin que Dieu nous donne son saint amour.

« Assistez-vous au saint sacrifice de la messe, allez-vous à la sainte Table ? c'est la fournaise d'amour, où vous pouvez devenir un séraphin et faire rejaillir mille flammes de la plus ardente charité.

« En prenant votre repas, dites : Mon Jésus, que la vertu de votre divin amour m'incorpore tout en vous ; en buvant : Très-aimable Jésus, versez et conservez dans le centre de mon cœur l'effet de votre charité, qui a régné si puissamment dans le vôtre, afin qu'elle me pénètre tout entière, et qu'elle anime et remplisse tous les sentiments, tous les mouvements et toutes les forces de mon corps et de mon âme.

« Il ne tiendra qu'à vous au commencement, au progrès et à la fin de toutes vos actions, de produire des actes de charité. Au commencement disant : *A la plus grande gloire de Dieu !* Au progrès : *Votre gloire, mon Dieu, votre amour et rien de plus.* A la fin : *Gloria Patri, et Filio, et Spiritui sancto.* Cela se peut faire en un clin d'œil, mais le fruit passe dans l'éternité. Oh ! que vous feriez de progrès en peu de temps, si vous aviez soin de faire ainsi vos actions, et leur donner par là la forme des vertus dont elles sont capables. Oh ! quelle joie vous donneriez au Cœur de Jésus, votre Sauveur et votre Époux.

« L'amour divin est le plus doux et le plus noble emploi des Saints et de Dieu même. »

Sans contredit c'était l'emploi de la Mère Vincent, qui paraissait dès ici-bas faire les fonctions des séraphins. Elle vivait, elle agissait, elle reposait dans la charité. Or *qui demeure dans la charité*, dit saint Jean, *demeure en Dieu et Dieu en lui.* Par l'amour, cette sainte religieuse était montée à une union intime avec l'Époux divin, sa vie, et son tout.

CHAPITRE II

Sa charité pour le prochain. — Ses amis.

L'amour de Dieu produit au fond du cœur, comme sa ressemblance et son image, l'amour de prochain, ainsi que s'exprime le saint évêque de Genève. La sœur Vincent n'avait pas de peine à aimer ce cher prochain, dans lequel elle envisageait Dieu lui-même et Jésus-Christ, son Fils unique et bien-aimé. Ce fut toujours un principe surnaturel qui l'attacha aux créatures. C'est pourquoi *son amour fut fort comme la mort*, selon la parole de l'Écriture. Les périls, les répugnances, les fatigues de toutes sortes ne parvinrent jamais à refroidir les ardeurs de son zèle dans le service des malades. Les salles de l'hôpital étaient pour elle un jardin de délices, où elle cueillait les fleurs du dévouement et moissonnait les couronnes du sacrifice, belles comme les palmes des martyrs. La sœur Vincent a été héroïque sous ce rapport ; on l'a vu dans cette notice. Elle agissait purement et uniquement pour ce Dieu, qu'elle adorait dans la personne des pauvres. Aussi engageait-elle ses sœurs à n'agir à l'égard des malades qu'avec une grande pureté d'intention ; et la charité, la faisant passer alors par-dessus l'humilité, elle leur racontait pour les encourager une vision qu'elle avait eue. Étant un jour en prières, saint Joseph lui apparut, et la conduisit avec lui dans une salle de l'hôpital. Lui montrant alors les malades, il lui dit : « Que de trésors et de richesses on peut amasser avec la pureté d'intention ! » Ensuite, lui faisant voir un tas de fagots : « Voilà les actions des hospitalières, ajouta-t-il, qui n'agissent point en vue de Dieu ; leurs actions ne serviront qu'à les brûler dans le Purgatoire. » Dieu seul dans le prochain, c'est la vraie charité.

Si les malades n'étaient pas assez nombreux pour satisfaire son zèle, la sœur Vincent, avec une bonté incomparable, apprenait à prier et à lire aux domestiques de l'hôpital. « Soyez douces et charitables envers eux, disait-elle aux sœurs, qui en étaient chargées, non pas pour vous les attacher, mais afin qu'ils soient encouragés à mieux servir les malades et à faire leur devoir ; si vous avez quelque violence à vous faire pour les supporter, offrez-la à Dieu pour le bien de leurs âmes. »

Les âmes ! c'était là surtout ce que poursuivait l'ardeur de sa charité. Que de prières, que de mortifications elle s'est imposées pour obtenir la grâce de leur conversion et de leur salut ! A combien d'âmes, qui venaient la consulter elle a, par ses sages avis et ses pieuses exhortations, ouvert la voie de la piété et de la perfection ! Mais peut-on exprimer sa charité envers ses filles ? Elle était mère en vérité, elle s'oubliait entièrement pour ne penser qu'à elles ; et tous les sacrifices possibles ne lui étaient rien, quand il s'agissait de leur faire plaisir. Comme elle savait les calmer dans leurs peines, les consoler dans leurs angoisses ! Elle ne craignait pas de s'humilier devant elles pour adoucir la plaie, qu'elle s'imaginait quelquefois avoir faite à leur cœur par une parole un peu trop vive. C'est en vertu de l'amour que la Mère Vincent portait à ses filles, qu'elle voulait qu'elles fussent des saintes ; elle les aimait en Dieu.

Sa grande préoccupation a toujours été d'établir, dans sa communauté, l'esprit de charité ; elle ne cessait de l'inspirer à ses sœurs. Lorsqu'elle les exhortait à la pratique de cette vertu, elle y mettait une onction toute céleste. Comme un nouveau saint Jean, cette sainte religieuse, qui avait reposé, pour ainsi dire, à l'exemple de l'apôtre bien-aimé, sur la poitrine de Jésus dans son oraison, leur disait souvent : « Aimez-vous les unes les autres. La charité ! la charité ! mes sœurs, oui, soyez charitables, et tout ira bien. » Ce fut une de ses dernières recommandations. Aussi elle n'aurait pas supporté la moindre parole qui eût l'apparence de blesser la charité. Si on allait la trouver pour se plaindre de quelqu'un, elle excusait toujours la personne absente.

La charité de la Mère Vincent allait au delà de la tombe, nous l'avons déjà dit. Plusieurs fois des âmes du purgatoire sont venues implorer le secours de ses prières ; elle redoublait alors de ferveur dans ses oraisons et ses exercices de pénitence. Cette tendre compassion pour ces pauvres âmes, qui languissent dans les flammes expiatrices, exilées de la patrie céleste, la portait à gagner en leur faveur toutes les indulgences possibles. Elle mettait pour elles à profit les dévotions établies par l'Église : en particulier celle du scapulaire bleu de l'Immaculée-Conception, et la grande indulgence de la Portioncule. Dans cette dernière fête de N.-D.-des-Anges, elle consacrait, pour ainsi dire, toute la nuit et la journée entière à faire des visites, pour envoyer au Purgatoire des trésors de mérites et de pardon. A la fin de sa vie, souffrante et infirme, elle se traînait, en quelque sorte, pour accomplir ce pieux devoir.

La charité de la Mère Vincent à l'égard du prochain était universelle. Toutefois, à l'exemple du divin Maître, qui n'a pas craint d'honorer de son amitié quelques privilégiés de son cœur, comme les membres de la famille de Béthanie, ainsi la sœur Vincent a eu quelques rares affections pour quelques personnes, dignes par leurs vertus d'être placées au rang de ses amis.

Nous ne parlerons ici que d'une seule, admise dans son intimité, capable de la comprendre, prodige de grâces comme elle. Si la mort ne l'avait point ravie à la terre avant la sœur Vincent, que de choses touchantes elle nous eût révélées sur sa belle âme, dont elle connaissait tous les mystères. Ces deux grandes religieuses étaient unies par un lien puissant et doux qui les enlaçait au cœur du divin Maître. Nous voulons parler de la Mère Sainte-Athanase, morte à Avignon le 1er Juin 1871, en odeur de sainteté. Qu'on nous permette quelques lignes sur elle.

Marie-Antoinette Ravachol, en religion sœur Sainte-Athanase, naquit à Lyon d'une famille honorable, en 1810, le 15 Août, fête de l'Assomption de la Sainte-Vierge, et fut baptisée le même jour dans la paroisse de Saint-Pierre. Dès l'âge le plus tendre elle fit, par la vivacité de son esprit et la bonté exquise de son cœur, les délices de ses parents. Mais la croix, qui devait en faire plus tard une de ses plus pures victimes, la marqua bientôt de son sceau. Sa pieuse mère lui fut enlevée par la mort, nonobstant des prodiges de tendresse de sa part pour la soigner et la retenir sur la terre. Pendant plusieurs années que dura la maladie de sa mère, Marie-Antoinette ne manqua pas un seul jour de gravir la montagne de Fourvières pour implorer Marie en sa faveur. Elle avait 14 ans quand elle perdit sa mère. Dieu parla à son cœur, altéré de dévouement. Fidèle à la voix du ciel, après avoir triomphé de mille obstacles suscités par l'amour d'un père qui l'adorait, elle s'échappa furtivement de sa maison, et vint frapper à la porte de la Communauté des religieuses de Saint-Charles de Lyon. A 18 ans elle commençait son noviciat avec cette générosité et cette ferveur qui furent son caractère distinctif, et qui la signalèrent toujours comme un modèle de perfection religieuse.

Revêtue du saint habit, elle vint à Pernes (Vaucluse) faire la classe ; mais elle avait reçu de Dieu le don de la parole, et dans sa poitrine battait un cœur d'apôtre. Les parents accouraient en foule pour entendre les instructions qu'elle adressait aux enfants, et en retiraient les fruits les plus salutaires. Sa vocation venait de se révéler sous son vrai point de vue. Aussi dans les différents postes que la sœur Saint-Athanase a occupés durant les 46 ans de sa vie religieuse, elle n'a pas cessé d'exercer un véritable apostolat. Les pauvres, les enfants ont été évangélisés par cette femme forte. Que de conversions elle a opérées ! Dans combien d'âmes elle a allumé le feu du divin amour ! Tout cédait à l'entraînement de cette parole simple et pénétrante. Oui c'est le cœur qui rend éloquent. Tous ceux qui ont entendu cette admirable religieuse ont pu constater cette vérité. Son cœur, rempli de Dieu, épanchait de sa plénitude. On l'eût crue parfois inspirée, quand elle parlait de l'Eucharistie et du Cœur de Jésus. Les prêtres et les religieux étaient surpris de ses lumières ; et cette humble Sœur, qui n'avait point étudié, pouvait résoudre les questions de la plus haute

théologie. Les personnes du monde, savantes et ins-
truites avaient recours à ses décisions, marquées
au coin d'une sagesse divine.

De l'hospice de la Charité de l'Isle, où son zèle se
signala par de grands travaux et de grandes bénédictions, elle fut nommée, en 1855, supérieure du Bureau
de Bienfaisance à Avignon, ou elle avait déja travaillé
10 ans en qualité de simple religieuse. Sur ce nouveau
théâtre, on put mieux encore apprécier les éminentes
qualités de son cœur, servi par une belle intelligence.
Elle se montra dans tout son éclat la providence des
pauvres et des orphelins. Les jeunes filles de l'ouvroir
trouvèrent particulièrement en elle la plus tendre et
la plus dévouée des mères. Sa maternité fut toujours
empreinte d'héroïsme ; elle savait se dépouiller de
tout pour ses pauvres enfants ; elle se multipliait pour
leur procurer à la fois le pain qui nourrit le corps, et
le pain spirituel de l'âme. Selon l'expression d'un vénérable prêtre : *elle avait la passion du bien*. C'était
pour elle un besoin de se dévouer, de se sacrifier.
Que de fois, étant plus jeune, elle a demandé à ses supérieures de l'envoyer dans les missions étrangères !
Elle a toujours rêvé de l'apostolat et du martyre. Pour
se dédommager elle a envoyé dans les pays lointains
des prières et des aumônes abondantes, qu'elle se procurait par les industries de sa charité. Les missionnaires étaient toujours accueillis par elle avec une générosité digne de la primitive église. Les missions des
Indes et de Syrie furent l'objet spécial de son zèle. La
Mère Saint-Athanase a contribué puissamment à la
fondation d'une œuvre admirable : *l'École Apostolique*,
pépinière de missionnaires, qui a grandi comme le
grain de sénevé, pour devenir un bel arbre, qui a
déjà envoyé au delà des mers des apôtres, et peut-être

de futurs martyrs. Impossible de dire le bien que cette sainte religieuse a fait en passant ici-bas, les bonnes œuvres qu'elle a soutenues, ou créées elle-même..

Comme le divin Maître, elle est morte victime de son dévouement. Elle avait souffert durant sa vie toute sorte d'épreuves ; la croix lui avait été familière. Les grandes âmes sont faites surtout pour souffrir !...

Elle portait depuis longtemps en silence la maladie qui l'a conduite au tombeau. Jusqu'à la fin elle *s'est usée* pour accomplir sa tâche. On l'a vue, dans les derniers mois de sa vie, sortir de son lit et se traîner pour aller parler de Dieu aux pauvres et aux enfants de l'ouvroir, objets continuels de sa tendre sollicitude.

Indifférente à toutes les joies du monde, Dieu lui ménagea beaucoup de consolations en se servant d'elle pour la conversion d'un grand nombre d'hérétiques, séduits saintement par le charme de sa douceur et de son onction. Elle les instruisait avec un zèle incroyable. Le jour de leur abjuration, il y avait fête au ciel et dans son cœur. C'était sa seule félicité ici-bas ; elle n'aspirait qu'à l'éternité.

Le moment de la récompense est arrivé ; purifiée par une maladie des plus cruelles, elle a montré une patience angélique et une ineffable piété ; dans les grandes douleurs, elle s'offrait à Jésus-Christ en victime, et lui exprimait, dans le plus beau langage, les transports d'amour qui la consumaient.

La sainte communion était l'unique allégement à ses souffrances ; elle avait été si dévouée envers l'adorable Eucharistie ! Que de fois on l'a surprise pendant la nuit au pied des saints autels, où elle passait des heures entières ! C'était là qu'elle venait constamment se reposer au milieu de ses grands travaux. Elle apprenait tout auprès du Tabernacle. Ceux qui ont connu intimement cette belle âme, pourraient nous révéler quelque chose des grâces éminentes dont le Seigneur l'a favorisée. Qu'il nous suffise d'affirmer que Dieu l'a traitée quelquefois à l'égal des Thérèse et des Marguerite-Marie.

Le 1er juin de l'année 1871, à 1 heure après minuit au commencement du mois du Sacré-Cœur, à qui elle fut si ardemment dévouée, cette précieuse existence s'est éteinte, moins consumée par une longue et cruelle maladie, que succombant sous le poids de ses vertus. *Seigneur, j'ai aimé la beauté de votre maison !* L'Église et son auguste chef, le Tabernacle et son divin Captif, les âmes, demeure mystique de la divinité : la Mère Sainte-Athanase aima ces choses d'un incroyable amour.

Voilà quelle fut l'intime amie de la Mère Vincent. Ces deux âmes en vérité étaient bien faites pour se comprendre. Elle pouvaient, comme les deux Chérubins du Propitiatoire, entourer l'arche de l'alliance nouvelle, et mêler ensemble harmonieusement leur adoration et leur amour.

Ce fut pendant son séjour à l'Isle que la sœur Sainte-Athanase eut occasion de faire la connaissance de la vénérable Supérieure des sœurs de Saint-Joseph. Jusqu'à la fin de sa vie, elle resta avec elle dans les rapports les plus étroits et les plus tendres.

La Mère Vincent savait aimer puissamment les personnes qui lui étaient unies par un lien de grâce : « Bénissons le Seigneur en tout temps, écrivait-elle à l'une d'elles. Les tribulations de cette vie sont un gage assuré de l'éternelle félicité que je vous souhaite de toute l'ardeur de mon âme, qui est collée à la chère vôtre, comme celle de David à celle de Jonathas. Je vous donne le doux baiser de la sainte union dans le cœur amoureux du saint Enfant Jésus. »

Dieu ne réprouve pas l'amitié des saints ; mais il la bénit, parce qu'il en est lui-même le principe et la fin. La Mère Vincent pouvait dire en toute vérité, avec saint François de Sales : Si je savais qu'il y eût dans mon cœur un seul filet d'amour, qui ne fut pas de Dieu, pour Dieu et en Dieu, je l'arracherais à l'instant. »

CHAPITRE III

Ses vertus religieuses. — Pauvreté, chasteté, obéissance.
— Humilité.

En parlant des vertus de la Mère Vincent nous ne pouvons passer sous silence celles qui firent l'objet de ses trois vœux de religion, la pauvreté, la chasteté et l'obéissance.

Elle s'estima heureuse de vivre pauvre et de partager les privations du divin Enfant de Bethléem. Elle inspira à ses sœurs ce goût délicat pour la simplicité, qui fait le charme de l'humble monastère de Saint-Joseph de l'Isle, où tout est simple, pauvre et si propre en même temps. On dirait la sainte maison de Nazareth.

La Mère Vincent s'employait au travail avec la même ardeur qu'à la prière, mettant de l'arrangement dans tout ce qu'elle faisait. Elle ne voulait pas rester sans rien faire, comme il convient à des pauvres. C'est pourquoi elle portait son ouvrage pour ne pas perdre son temps, quand elle était demandée au parloir ; et si la qualité des personnes ne lui permettait pas d'agir de la sorte, elle prenait en place son crucifix entre les mains. Alors qu'à cause de son âge elle n'y voyait plus le soir, elle s'occupait à faire de la charpie. La joie de cette digne Mère était de se dire la servante des pauvres et de leur rendre les services les plus bas. Elle était vraiment du nombre de ceux dont N. S. a dit : *Bienheureux les pauvres d'esprit !* Elle était tellement détachée des biens terrestres ! son esprit et son cœur étaient au ciel, où se trouvait son unique trésor.

La chasteté des vierges fit toujours les délices de la sœur Vincent. On se rappelle qu'elle avait, dès l'âge de 11 ans, choisi ce beau lis pour son partage. Devenue religieuse, elle ne fit que l'abriter pour le reste de sa vie au pied du Tabernacle ; et recevant en abondance dans son calice la céleste rosée, le lis ne put que resplendir de jour en jour.

La pureté de cette virginale sœur a été admirable. Ceux, qui l'ont connue intimement, assurent qu'elle a conservé la blanche robe de son baptême. Elle prenait des précautions infinies pour ne pas souiller son âme, tabernacle vivant de son Dieu, évitant jusqu'à l'ombre du péché véniel. Elle ne cessait de demander pardon au Seigneur pour les fautes de fragilité qu'elle avait pu commettre. Que des prières et de larmes elle offrait à Dieu, pour obtenir la pureté du cœur ! Une fois elle reçut l'assurance qu'elle avait été exaucée; voici comment. La sœur Vincent avait écrit sa confession. Espérant que le sang de Jésus viendrait la laver de ses fautes, elle fut placer l'écrit dans le linge de la pierre sacrée. « O mon bon Jésus, dit-elle ensuite, en tombant à genoux, faites-moi miséricorde, et veuillez me donner un signe que vous avez pardonné à votre pauvre servante, » Quelques jours après elle vint, d'une main tremblante d'émotion et d'espérance, enlever de la pierre sacrée le papier ; il était blanc comme la neige ; ce qui avait été écrit dessus avait complétement disparu.

L'ineffable pureté de la Mère Vincent explique la perfection de son oraison et de son union avec Dieu, car comme dit l'Écriture, *celui qui aime la pureté du cœur aura le Roi pour ami*, et notre Seigneur a dit lui-même : « *Bienheureux ceux qui ont le cœur pur, parce qu'ils verront Dieu*.

Toutefois la chasteté de la Mère Vincent était *un lis entre les épines* ; c'est-à-dire, qu'elle était accompagnée de mortifications. Elle savait que la chasteté nous immole à Dieu comme des hosties saintes, vivantes, d'agréable odeur. Or la victime doit souffrir. Le bon Maître se plaisait à la faire souffrir, parce qu'il voyait l'avidité de cette âme généreuse pour les croix. Que n'a-t-elle pas eu à souffrir pour s'habituer au climat de nos pays ! que de graves maladies n'a-t-elle pas faites ! Mais rien ne rassasiait la soif ardente qu'elle avait de ressembler à son Époux crucifié. Lorsque Dieu ne lui envoyait point de souffrances, elle était ingénieuse à se les procurer. La discipline, qu'elle prenait fréquemment, l'associait aux mérites de Jésus dans le mystère de sa flagellation. Elle se levait dans la nuit pour se frapper. Pendant plusieurs années elle eut un dégoût profond pour toute espèce d'aliment. Malgré cela, elle refusa généreusement les attentions et les petites recherches qu'on a coutume de prodiguer en pareil cas. « Il faut disait-elle, que la nature meure ! » Pour s'exciter à vaincre ses répugnances elle ajoutait : « Mon père saint Joseph m'a gagné cette cette nourriture ; de ses mains la Sainte Vierge me l'a préparée, allons courage ! » Et elle se privait de ce qui aurait pu satisfaire son goût, pour le donner à une autre sœur, ou à un de ses chers malades. Elle se privait de tous les premiers fruits de la saison en leur faveur. » Il y a toujours moyen, disait-elle, de faire quelque mortification au repas, sans que cela paraisse. » Une fois elle était malade ; l'infirmière lui porta un peu de lait un vendredi à 3 heures ; elle ne voulut pas l'accepter, pensant que ce soulagement ne convenait pas en ce jour, où Notre Seigneur avait tant souffert. Elle ne disait jamais son sentiment sur ce qu'elle prenait : peu lui importait si c'était doux ou amer, bon ou mauvais. Elle pensait au fiel et au vinaigre dont Jésus fut abreuvé sur la croix.

Nous avons parlé déjà dans le courant de cette notice de ces prodiges de mortification, accomplis par la Mère Vincent dans les salles de l'hôpital.

Elle si pure, se regardant comme une pécheresse, elle se traitait avec rigueur, joignant à la discipline la ceinture de fer, et les autres macérations employées par les Saints.

L'humidité avait occasionné à cette vénérée Mère des douleurs rhumatismales, qui, pendant de longues années, la gênèrent extrêmement pour marcher : « Parfois, disait-elle, il me semble marcher sur des épines. » Nonobstant cela, elle était la première aux exercices, contente de cheminer à la suite du bon Maître en portant sa croix avec lui. On vit particulièrement éclater cette générosité, à l'époque où, ayant fait une chute, elle se cassa la jambe. C'était en 1863. Elle resta quatre mois avec la jambe cassée ; mais c'est alors qu'on put admirer son amour pour la régularité ; car s'étant fait disposer un fauteuil avec des roulettes, elle s'en servait pour se rendre aux divers endroits où la Communauté se trouvait réunie. Si elle cherchait à épargner de la peine à ses sœurs, elle ne comptait pour rien les sacrifices qu'elle s'imposait à elle-même. Sa vie entière n'a été qu'un état d'immolation à la gloire de Dieu. Elle n'a cessé de mettre en pratique cet article du chapitre troisième des constitutions des religieuses hospitalières de saint Joseph :

La consécration qui se fait par les vœux de religion est l'immolation d'un holocauste, qui ne souffre point de réserve. La chasteté de la Mère Vincent fut véritablement ce *lis parmi les épines*, dont il est parlé dans les cantiques, et dont le parfum a ravi le divin Époux.

Toutefois, si la chasteté prépare à Dieu des victimes, on peut dire que c'est l'obéissance qui a la mission particulière de les immoler. Cette vertu, qui est comme l'essence de la vie religieuse, a brillé à un haut degré dans la sœur Vincent. Avant d'être supérieure, son bonheur fut d'obéir, et aucune religieuse ne fut plus soumise à la volonté divine exprimée dans la règle ou par la bouche des supérieurs. Quand elle fut placée à la tête de sa communauté, elle voulut continuer d'obéir en quelque sorte, en constituant la Très-Sainte-Vierge la souveraine Maîtresse du monastère ; et même alors personne n'aima plus la règle, dont elle s'inspira toujours. Au jour de chaque déposition après six années de gouvernement, on eût dit qu'elle avait trouvé un trésor, tant elle paraissait heureuse de pouvoir se soumettre à son tour ; et lorsque à force de prières, elle parvint enfin, à cause de son grand âge et de ses infirmités, à se démettre pour toujours de la supériorité, quels ne furent pas ses transports de joie et de reconnaissance ! On la voyait alors se prosterner devant la nouvelle supérieure, demandant les moindres permissions, ne voulant plus paraître en rien, confessant qu'elle n'était plus bonne qu'à rester dans un coin. Elle, qui avait eu l'autorité en mains pendant sa longue carrière, arrivée à l'âge de 85 ans, se soumettait avec une docilité d'enfant à la supérieure qui avait été sa novice. C'était ravissant de voir cette vénérable religieuse lui dire avec humilité : *Ma mère si vous voulez me permettre telle chose !* et quand elle

avait obtenu la permission, elle la saluait respectueusement en se retirant. On ne peut exprimer la vénération qu'elle lui portait ; elle avait constamment ces
paroles sur les lèvres : « Si notre mère le veut ! »

Dans sa dernière maladie, son obéissance monta
jusqu'à son plus haut degré ; elle n'eût osé faire la
moindre chose sans l'assentiment de la supérieure.
Elle répondait à tout ce qu'on lui proposait : « Atten-
dons voir ce que notre mère jugera à propos. » C'était
vraiment une obéissance aveugle, et elle doit l'être
en réalité pour être parfaite. Un seul exemple, que les
esprits vulgaires taxeraient de puéril, mais qui n'est
rien moins que sublime. Un jour que la mère supérieure, la sœur Carme, actuellement à la tête de la
Communauté, craignait qu'elle ne se fatiguât à prier,
elle lui dit de dormir. Une sœur lui demandant un
instant après ce qu'elle faisait : « Je dors, répondit-
elle, notre mère me l'a dit, » Et cette docilité, elle
l'étendait jusqu'à sa jeune infirmière, à qui elle était
soumise en tout. Comme Notre-Seigneur, la Mère Vincent a voulu être obéissante jusqu'à la mort.

Cet esprit d'obéissance lui avait inspiré un incroyable amour pour les règles. Elle ne cessait de répéter
à ses sœurs ces paroles de la vénérable mère de la
Ferre, fondatrice de l'Institut de saint Joseph à la
Flèche : « Aimez vos règles, pratiquez-les ; c'est sur
vos règles que vous serez jugées. » Elle était elle-même
un modèle de régularité. Voici un exemple. Dans son
grand âge, la Mère Vincent ne pouvait plus se cour-
ber pour baiser la terre après le *Veni Sancte*, qu'on ré-
cite le matin à l'oraison et le soir à l'examen. Elle
s'était donc procuré une petite pierre, qu'elle avait
placée dans sa stalle, afin de pouvoir satisfaire à ce
point de règle en la baisant.

Voilà jusqu'où cette grande religieuse portait son obéissance. Rien de ce qui était commandé n'était petit à ses yeux, illuminés par une foi vive ; car elle ne voyait que Dieu, qui est celui qui commande et à qui toute créature doit obéir ; et ce n'était pas seulement la foi qui animait son obéissance, c'était encore et surtout l'amour qui embrasait son cœur, tandis qu'elle obéissait.

Toutes ces vertus de la Mère Vincent étaient rehaussées par une incomparable humilité. L'humilité est sans doute le fondement indispensable de toutes les vertus, mais elle en est aussi la contre-épreuve et comme le témoignage authentique. C'est pourquoi nous finirons le tableau de cette belle âme, en disant qu'elle fut humble. L'humilité était comme un grand voile qui l'enveloppait tout entière. Douée des qualités qui la rendaient apte à tous les emplois, elle ne se croyait néanmoins capable de rien, et dans l'état d'élévation, où elle a passé presque toute sa vie, elle s'estimait la dernière de ses sœurs. Elle n'était à ses yeux qu'un vil grain de poussière, une misérable pécheresse, indigne de toute considération. Aussi ce n'est pas elle qui allait chercher la louange et les applaudissements. C'était un supplice pour son cœur qu'un mot d'éloge. La rougeur qui montait alors à son front, l'embarras qu'elle faisait paraître, disaient combien elle devait souffrir. Obligée d'avoir des rapports, à cause de sa charge, avec les différentes administrations et les personnes les plus honorables, qui toutes avaient d'elle une haute idée, elle se hâtait de rentrer dans l'ombre de la vie cachée du cloître pour se dérober à l'estime des créatures. Elle goûtait si fort cette maxime de l'*Imitation* de Notre Seigneur : « Aimez à être ignoré et compté pour rien ! »

En revanche, la Mère Vincent se plaisait auprès des pauvres. Son humilité, non moins que sa charité, y trouvaient leur compte; ses délices étaient de s'abaisser devant les membres souffrants de Jésus-Christ. Qu'il était beau de la voir, dans un âge avancé, faire manger ces pauvres vieux, quelquefois si dégoûtants ! Prenant le balai, elle nettoyait tout ce qui aurait pu les incommoder. Comme elle savait se faire petite avec les petits !

Les sœurs, à la vue de tant de mérite et de tant d'humilité, étaient ravies et embaumées. Ce doux parfum s'exhalait au loin dans les autres monastères de l'Institut. Voici ce qu'on écrivait, à l'époque où elle mourut, du couvent de la Flèche :

« Son humilité, son abjection, le sentiment profond de sa petitesse, se montraient dans chacune de ses lettres. Depuis la première jusqu'à la dernière, pas une qui ne soit empreinte de cette vertu si rare ; et ce n'étaient pas de vains mots que les circonstances venaient démentir. Oh ! non: tous les événements l'ont trouvée la même ; en toute occasion, elle disait et répétait avec une incomparable modestie que la petite maison de l'Isle n'était qu'un pauvre et faible rejeton, qu'elle-même n'était qu'un *petit rien*, qu'on ne devait pas se donner la peine de la consulter, etc. etc. ; qu'elle et ses chères sœurs, toutes remplies du même sentiment, se soumettaient de tout leur cœur aux décisions prises par les vénérées Mères de l'Institut, car elle se croyait la moindre. C'était, on le voyait, sa conviction intime, qu'elle essayait, mais en vain, de nous faire partager. Aussi, à peine osait-elle bien humblement exprimer son modeste avis ; et cependant ses appréciations toujours fort judicieuses nous révélaient son mérite, et exprimaient la haute opinion que nous avions de cette sainte Mère. »

Oui, la Mère Vincent, malgré ses lumières et sa grande expérience, se méfiait d'elle et cherchait, dans les circonstances, à s'entourer des meilleurs conseils. C'est cette profonde conviction de son impuissance qui la décida à se retirer entièrement de la direction de la Communauté. Elle ne pouvait plus, disait-elle, diriger convenablement sa famille spirituelle. Elle voulait se décharger de la supériorité pour faire pénitence, et se préparer d'une manière plus sérieuse au grand passage du temps à l'éternité. Elle désirait aussi être remplacée, afin que celle, qui lui succèderait, pût réparer tout ce qu'elle avait fait de mal. Cette pensée a été une de ses dernières préoccupations. « Ma Mère, disait-elle dans les derniers jours de sa vie, réparez tout ce que j'ai fait de mal. S'il y a des changements à opérer dans ce que j'ai fait, ne soyez pas empêchée de les faire par la crainte de me causer de la peine ; car je n'ai rien fait de bien. J'espère que Dieu permettra que vous répariez tout. »

A peine déchargée de ce fardeau qui lui pesait si si fort, la sœur Vincent goûtait le bonheur de n'être plus la première. Elle eût souhaité d'être la dernière dans la maison du Seigneur. Elle disait alors qu'elle ne voulait plus paraître en rien, qu'elle n'était plus propre que pour rester dans un coin. Aussi ce lui était une peine indicible d'entendre lire en public des lettres des autres couvents, remplies pour elle des témoignages de respect et de vénération. Cette exclamation sortait spontanément de ses lèvres : « On ne me connaît pas ! » Son humilité semblait grandir à mesure qu'elle approchait du terme de sa carrière. Dans sa dernière maladie, elle aurait désiré disparaître, et être effacée entièrement de la mémoire des hommes, s'anéantir pour ainsi dire. Elle ne cessait de demander à ses sœurs de prier pour elle afin d'apaiser Dieu, lorsqu'elle paraîtrait devant lui. Lorsqu'on la veillait, elle ne savait comment exprimer sa reconnaissance. « Que de peines vous prenez pour une misérable comme moi ! disait-elle, quelle charité vous avez ! Comment pouvez-vous me supporter ! » — « Ma Mère, disait-elle à la supérieure, faites vos affaires, ne vous occupez pas de moi, pas plus que si je n'étais pas. » Elle se croyait réellement indigne des soins qu'on lui prodiguait avec bonheur. A chaque instant elle appelait sa jeune infirmière, qui n'était que novice, craignant de lui avoir fait de la peine, afin de lui demander pardon. « Si vous me voyez faire quelque faute, lui disait-elle, dites-le moi. » Elle avait 85 ans et la novice 23.

Par humilité elle ne voulut pas adresser à ses filles les dernières instructions, qu'elles lui demandaient pour leur avancement spirituel. « Je n'ai rien à dire, je ne suis plus rien, répondait-elle, ne m'appelez plus ma Mère ; je n'ai plus qu'une chose à faire, c'est de réparer ma pauvre vie et d'expier mes péchés, afin que Dieu me fasse miséricorde. » Elle se contenta alors de leur donner quelques avis.

Lors du Jubilé de 1851, croyant être inaperçue, elle retirait ses chaussures, pour faire les processions prescrites. Elle marchait nu-pieds et la corde au cou comme une criminelle. Malgré ses précautions, les novices découvrirent son pieux stratagème, et furent ravies de son humilité.

Voici la maxime que cette humble religieuse se plaisait souvent à répéter : « Je suis un néant, un néant n'est rien ; à un rien, rien n'est dû. » « Je ne suis rien, écrit-elle encore, je n'ai rien !... Je me réduis dans mon néant, et je reconnais que si l'on me faisait justice, je mériterais d'être placée au fond des enfers. » Voilà l'humilité !

La Mère Vincent joignait à l'humilité cette qualité rare, qui en est comme le trait achevé, la simplicité ! Pure comme une colombe, simple comme elle, cette sainte religieuse n'avait point d'arrière-pensée ; elle ne pouvait croire le mal dans les autres ; et elle allait à Dieu d'un seul bond, se rapportant uniquement à sa gloire, sans retour sur elle-même. *Dieu seul ! Dieu seul ! Qui est semblable à lui ?...* Et comme le glorieux archange des saints combats, elle est montée bien haut sur la montagne du Seigneur : car, ainsi que s'exprime le pieux auteur de l'*Imitation* : « L'homme s'élève au-dessus de la terre sur deux ailes, la simplicité et la pureté. La simplicité doit être dans l'intention et la pureté dans l'affection. La simplicité cherche Dieu, la pureté le trouve et le goûte. » Ces deux ailes sont celles de la colombe, et elles ont été données à la Mère Vincent pour prendre son vol et venir se reposer en Dieu, qu'elle a eu uniquement en vue et uniquement aimé, qu'elle a fidèlement cherché et heureusement trouvé, qu'elle goûte dans des joies sans fin.

CHAPITRE IV

Son esprit de piété.

La Mère Vincent avait reçu de Dieu le don d'une éminente piété, qui l'inclinait respectueusement et filialement vers Dieu et les choses saintes. Elle possédait parmi ses autres vertus celle de religion. La religion nous porte au culte de Dieu et de ses amis les plus chers, qui sont les Saints, et par-dessus tous, la Bienheureuse Vierge Marie.

Par honneur pour la présence divine, elle avait soin de se tenir, comme nous l'avons déjà dit, dans un respect et un recueillement continuel. Elle faisait de plus les actes de la piété la plus tendre et la plus vive. A l'Église, on l'eût prise pour un séraphin à cause de son attitude ardente et modeste. Une religieuse du même ordre, mais d'une autre maison, ayant eu l'avantage de passer huit jours dans le couvent de l'Isle, écrivait d'elle : « Son grand esprit de foi, son ardente piété, sa profonde humilité se manifestaient si bien dans les prières communes qu'elle faisait, que je rentrais en terre en l'entendant. Je me trouvais indigne de l'approcher, et rien, je crois, ne m'a fait descendre plus bas dans mon néant. » Le spectacle de sa piété était une éloquente prédication.

Il est difficile de parler des dévotions particulières de la Mère Vincent ; car on peut dire qu'elle les avait toutes. Son esprit de piété était universel.

Elle honorait d'une dévotion spéciale l'Esprit-Saint, à la conduite duquel elle s'était abandonnée dès son enfance ; elle l'invoquait chaque jour par de nombreuses prières et de ferventes aspirations. Elle n'oubliait pas de réciter le *Veni Creator,* chaque matin. Avant chaque action principale, elle l'implorait ainsi : « Esprit-Saint, je vous présente mon cœur, mettez en lui les motifs, les intentions, les lumières qu'il vous plaira, pour n'agir que d'après votre direction, sans jamais m'en écarter. »

Le Verbe divin, fait homme pour l'amour des hommes, était le puissant attrait de sa piété. Elle l'adorait avec une ineffable tendresse dans son pauvre petit berceau de Bethléem. Les fêtes de la Noël avaient des charmes indicibles pour elle ; elle s'y préparait avec un redoublement de ferveur. Mais elle s'attachait surtout à N.-S. dans sa Passion et sur la croix. Depuis qu'elle l'avait vu dans l'état de sa flagellation, elle ne pouvait détacher son esprit ni son cœur de cet adorable et douloureux objet. Le Chemin de la Croix était donc une de ses pratiques favorites. C'était toujours les bras étendus qu'elle faisait ce saint exercice. Son désir eût été de pouvoir suivre son Bien-Aimé jusqu'au Calvaire, afin de mourir avec lui, et de pouvoir dire avec le grand Apôtre : *Je suis clouée à la croix avec Jésus-Christ.*

Elle était très-exacte à s'unir à la Passion de J.-C. par le moyen de l'horloge vivante. Ainsi, en allant dîner, elle s'unissait à Jésus portant sa croix, et récitait la prière de saint Bernard à l'épaule de N.-S. Tous les jours à midi, elle se recueillait pour assister au crucifiement de son adorable Époux ; et depuis qu'elle ne s'occupait que de prier, à cause de son âge, elle en faisait l'objet d'un exercice spécial au chœur,

A une heure, elle méditait sur les sept paroles de Jésus en croix. A trois heures, elle assistait à sa mort, disant qu'elle voulait recevoir l'esprit du Seigneur, au moment où il s'est répandu sur la terre.

Lorsqu'elle allait se confesser, elle était heureuse de penser que son âme serait lavée dans le sang précieux de J.-C. à qui elle avait une dévotion particulière ; ce qui la portait à répéter souvent : *Te ergo quæsumus*, etc. « Nous vous en conjurons, ô mon Dieu, venez en aide à vos serviteurs, que vous avez rachetés par votre précieux sang. » Elle se tenait aux pieds du prêtre comme Madeleine au pied de la croix.

Après la confession, elle disait : Nous sommes bien blanches, prenons garde, mes sœurs, de ne pas nous salir. » « Lorsque vous commettez quelque faute, leur disait-elle encore, vite recourez à Jésus, priez-le de laisser tomber sur votre âme une petite goutte de son sang divin, et puis n'y pensez plus. » Soir et matin elle adressait à Marie cette prière : « Ma bonne Mère, offrez, je vous prie, au Père éternel, une goutte du sang précieux de votre divin Fils, afin d'empêcher durant ce ce jour ou cette nuit un péché mortel. » Elle faisait chaque année le mois du Précieux Sang. Dans sa dernière maladie, ayant le pressentiment qu'elle ne serait plus sur cette terre au mois de juillet, elle se le fit faire un mois plus tôt.

Mais le Calvaire ! elle le rencontrait sur l'autel... C'est là que l'auguste victime est chaque jour immolée ; son sang y ruisselle mystiquement du calice du prêtre ! La Mère Vincent était attirée vers l'Eucharistie par un aimant d'une puissance indicible.

Le saint sacrifice de la messe enflammait sa piété. Pour y assister, elle ne tenait nul compte de ses

infirmités. Ah ! c'est qu'elle avait alors le bonheur, non-
seulement de s'immoler avec son Jésus, mais encore
de le recevoir dans le sacrement de son amour. Elle se
sentait affamée pour ce Pain des anges.

Bien souvent elle aurait eu besoin de se reposer, et
ses sœurs eussent désiré, à cause de son grand âge
surtout, de lui voir prendre le repos si nécessaire ;
mais son ardeur pour le banquet Eucharistique lui
faisait tout braver. « Il faut, disait-elle, profiter,
lorsqu'on le peut ; qui sait si je pourrai communier
plus tard ? »

Dans la plus rigoureuse saison, elle ne sentait pas le
froid, brûlée par un feu intérieur ; et elle sortait de
l'action de grâces la figure irradiée.

Pour satisfaire sa dévotion, on avait dû depuis longtemps lui permettre la communion journalière. S'il
avait été permis de communier plusieurs fois le
jour, ses sœurs assurent qu'elle se serait présentée à
la table angélique, poussée par la véhémence de son
amour. Elle semblait ne pas perdre la présence de
Dieu d'une communion à l'autre, tant elle était pénétrée et recueillie. Elle avait des pratiques pour se
préparer à ce sacrement : « Si vous voulez que le bon
Jésus soit bien dans votre cœur, disait-elle à ses filles,
dressez aussi un trône à la Sainte Vierge et à notre
bon père Saint-Joseph, afin qu'ils lui tiennent compagnie ; ensuite chargez votre bon ange de faire l'invitation à toutes les saintes amantes de Jésus, à tous
les anges de la sainte Famille, de venir faire la cour à
Jésus dans votre cœur ; vous resterez la dernière de
tous, mais vous saurez que le bon Jésus ne sera pas
seul dans votre cœur, et que ces saints personnages lui
tiendront fidèle compagnie et suppléeront votre tié-
deur. » La veille des communions de règle, le soir à la

récréation, cette digne Mère faisait faire à ses filles
des élévations vers l'auguste Eucharistie ; pour leur
fournir l'occasion d'offrir quelques petits sacrifices,
elle choisissait l'instant, où la récréation était la
plus animée. « Au moment de la sainte communion,
écrit-elle dans son petit livre, invitez Marie et Joseph
à venir faire compagnie à Jésus dans son temple,
c'est-à-dire dans votre cœur. Dites-leur affectueusement
que c'est aujourd'hui pour vous la fête de la Présentation,
et que leur divin Fils vous ayant été donné par
le Père Eternel, c'est à ses parents à venir le racheter,
en vous apportant, pour prix de sa rançon, la pureté
de la colombe et les gémissements de la tourterelle. »
Nous ne parlerons pas des pratiques de cette sainte
religieuse pour communier spirituellement à chaque
heure du jour.

En traitant de l'oraison de la Mère Vincent, nous
avons parlé de ses longues stations d'amour au pied
des saints autels. C'était là son parterre enivrant,
sa patrie dans l'exil, son ravissant Thabor ! nous
l'avons vu. Étant obligée d'aller et de venir dans le
couvent, elle tâchait de se rapprocher le plus possible
du chœur, afin de dire un petit mot au divin Prisonnier
du Tabernacle ; ce qu'elle faisait sans s'arrêter, lorsque
le devoir l'exigeait. Elle disait souvent : « Oh ! mes
sœurs, si vous étiez bien convaincues et pénétrées de
la majesté de Jésus au Saint-Sacrement ! Si vous
connaissiez bien l'amour et la grandeur de Celui qui
l'habite !... » Et sa parole émue trahissait les sentiments
de son cœur, que la flèche du séraphin, qui se
tient en face de l'autel, avait blessé d'amour. Son
attrait la portait principalement à réparer les profanations
commises contre la divine Hostie. Elle se
constituait victime de Jésus, et sa réparatrice journa-

lière, soit par la communion, soit par l'amende honorable. Les jours de réjouissances publiques surtout, la
réparation ne tarissait pas sur ses lèvres, aux pieds du
Bien-Aimé, récitant souvent le *Miserere*, les bras en
croix et la corde au cou.

La Mère Vincent avait un attrait tout spécial pour le
Sacré-Cœur de Jésus. N'est-ce pas la dévotion de la
réparation et de l'amour? Ce Cœur divin, elle le trouvait au Tabernacle, elle en entendait, pour ainsi dire,
les tendres battements quand elle communiait!...
Quand elle parlait du Cœur de Jésus surtout, tout son
visage s'illuminait de bonheur. Quand, chaque premier vendredi du mois, avant le salut, elle faisait à
haute voix l'amende honorable à ce Cœur qui a tant
aimé les hommes, et qui en est cependant si outragé,
on eût cru entendre le langage brûlant d'un séraphin.

Le charbon ardent de la charité divine avait, certes,
touché ses lèvres virginales. La digne Mère s'unissait
à la Bienheureuse Marguerite-Marie pour honorer le
Sacré-Cœur; elle mettait en pratique le règlement
que la sainte visitandine avait composé pour les
religieuses. Elle avait soin chaque année de faire la
neuvaine des neuf vendredis pour obtenir la grâce
d'une bonne mort. Elle faisait précéder également
d'une neuvaine la fête du Sacré-Cœur. Quelques jours
avant sa mort, elle recommandait à une religieuse
d'être dévote à ce Cœur divin, de bien se préparer à sa
fête, qui était proche, qu'elle en obtiendrait beaucoup
de grâces. « Que faut-il que je fasse, demanda la sœur
pour me bien préparer? » Son humilité l'empêcha de
répondre ; mais à la seconde question « Que feriez-
vous, ma mère? » elle répondit : « Je serais bien fidèle
à la prière, et ne refuserais à ce divin Cœur aucun des

5

petits sacrifices qui se présentent, tels que réprimer un regard, une parole, un geste. Je crois qu'il y en aurait assez pour que ce divin Cœur fût satisfait. » C'est ainsi qu'elle-même savait l'honorer et le satisfaire.

CHAPITRE V

Sa dévotion envers la Sainte Vierge et les Saints.
— Ses pieuses pratiques.

De cette dévotion envers Notre-Seigneur découlait, comme le ruisseau de sa source, sa dévotion à Marie. Supérieure, la Mère Vincent avait confié à cette auguste Reine les clefs du monastère, comme enfant, elle lui avait ouvert les portes de son cœur. Outre l'office de la Sainte-Vierge, récité en communauté, elle disait habituellement le petit office de l'Immaculée-Conception. Depuis longtemps elle récitait aussi chaque jour le rosaire en entier. Elle avait mille pratiques et industries pieuses pour honorer Marie, l'invoquant sous tous les titres, mais surtout sous celui de N.-D. de Pitié. Dans cette intention, elle faisait tous les jours une visite à son autel, et disait le mercredi et le vendredi le chapelet des sept douleurs. En consolant la Mère, cette sainte religieuse pouvait alors adoucir, par sa tendresse, les blessures de son Jésus, et pénétrer amoureusement dans celle de son Cœur.

Pour la fête de l'Assomption et pour celle de l'Immaculée-Conception, elle conduisait la communauté pendant neuf jours en procession à l'oratoire de la Sainte-Vierge, portant le titre de supérieure du couvent. Pour honorer le glorieux instant où Marie est sortie des mains de son Créateur blanche et toute pure, comme l'étoile du matin, elle faisait faire une belle illumination chaque année, et réciter les plus ferventes prières. Toutes les oraisons dont se servait sainte Gertrude (sa bonne amie) pour honorer Marie Immaculée lui étaient familières ; douée d'une excellente mémoire, elle les savait toutes par cœur.

Elle avait la pieuse habitude de se préparer par un triduum à célébrer ses fêtes. A celle de la Présentation, elle montait quinze degrés d'escalier à genoux, en mémoire de ceux que monta Marie en se présentant au Temple, disant à chaque marche une petite prière et demandant une vertu. Elle avait établi la coutume de nourrir un pauvre pour chacune de ses fêtes ; elle était très-fidèle à demander matin et soir sa bénédiction à cette tendre et divine Mère.

C'est que la sœur Vincent était dévouée à Marie !.. Entendez les cris de son cœur : « O Marie ! ô ma Mère, écrit-elle, je crois votre Conception-Immaculée, et je serais heureuse de mourir pour la défense de ce dogme sacré. » — « O ma Mère ! j'espère avec une ferme confiance d'arriver à la vie éternelle par la pure miséricorde de Dieu, et les mérites de votre Immaculée-Conception. » — « Ma bonne Mère, je vous aime ! et j'ai la douce confiance que par le mérite de votre Immaculée-Conception je vous aimerai éternellement dans les Cieux. » Et puis, la belle prière que lui inspire la dévotion envers la Sainte-Vierge !

« Qui me donnera, s'écrie-t-elle, des ailes comme à la colombe ? et je volerai vers ma Mère ; je me refugierai près d'elle, et je lui dirai : Ma Mère, je vous aime ! je vous aime plus que moi-même ; je vous aime après Dieu plus que toutes choses, et vous veux aimer éternellement. **Mais hélas !** je suis encore loin de vous, exposée à bien des dangers, en proie à bien des douleurs... Protégez-moi, consolez-moi ! et quand viendra l'heure de ma mort, adoucissez pour moi ce passage si terrible ; ranimez ma foi, mon espérance ; mettez des paroles d'amour sur mes lèvres expirantes ; posez la main sur mon cœur, dont le dernier battement sera pour vous et pour votre cher Fils. »

Après Marie, c'était naturellement Saint Joseph, son bon et glorieux Père, comme elle l'appelait, qui était l'objet de sa plus tendre vénération. Elle avait établi la coutume de faire brûler chaque mercredi une lampe à son autel ; elle ne manquait pas de réciter ce jour-là les sept allégresses en son honneur. Avait-elle une grâce à obtenir? elle faisait, le mercredi également, porter le dîner à un pauvre. Cette digne Mère n'ignorait pas que pour mettre le ciel de notre côté, il faut se montrer miséricordieux et compatissant. La charité est la plus puissante des prières.

La Sœur Vincent savait que Saint Joseph est le patron et le modèle à la fois de la vie intérieure. Dans cette vue, elle pratiquait chaque jour les quatre exercices suivants, qu'elle avait empruntés au Père Louis Lallemant de la Compagnie de Jésus.

Le 1er exercice de ce père était de faire une élévation d'esprit vers le cœur de saint Joseph, et de considérer combien il avait été docile aux inspirations du Saint-Esprit; puis, faisant un retour sur son propre cœur, il s'humiliait de ses résistances, et s'animait à suivre plus fidèlement les impressions de la grâce.

Son 2e exercice était de considérer avec quelle perfection saint Joseph unissait la vie intérieure aux occupations de son état; puis réfléchissant sur lui et ses propres occupations, il examinait s'il y trouvait quelques défauts à corriger.

Son 3e exercice était de s'unir spirituellement à saint Joseph, comme Époux de la Mère de Dieu, et en

considérant les lumières admirables que le Saint avait
sur la virginité et la maternité de Marie, il s'excitait à
aimer ce saint Époux pour l'amour de sa sainte
Épouse.

Son 4e exercice enfin était de se représenter les ado-
rations profondes, les services amoureux et tout pater-
nels que saint Joseph avait rendus au saint Enfant
Jésus; il lui demandait de pouvoir, conjointement
avec lui, adorer, aimer ce doux et divin Enfant dans
les sentiments de l'affection la plus tendre et la plus
profonde vénération.

La Mère Vincent s'efforçait, par ces pratiques et
d'autres semblables en l'honneur de Dieu et des Saints,
de tendre à la perfection. Car c'est le but de la vraie et
solide piété.

Cette vénérée Mère avait pour son bon Ange une
particulière dévotion. Elle marchait toujours à côté
de lui; en entrant dans un appartement elle lui cédait
le pas. Avec lui, elle faisait toutes ses prières; avant
de commencer son chapelet, elle lui disait : « Mon
bon Ange, nous allons réciter notre chapelet, pour
honorer votre Reine et la mienne. » En disant le saint
office elle alternait avec lui les versets; et luttant de
ferveur, ce semble, avec cet esprit céleste, elle s'oubliait alors, allant tantôt plus vite, quelquefois traî-
nant après les sœurs; mais absorbée comme elle était,
elle n'y faisait pas attention.

Le jour de la fête des saints Anges, elle récitait autant de fois l'*Angele Dei* qu'elle avait d'années, pour
remercier son Ange Gardien des bons offices qu'il lui
avait rendus.

Pour encourager les sœurs à la dévotion envers les
bons Anges, elle se plaisait à leur raconter l'assistance
qu'elle en avait reçue en maintes occasions. Si elle

voyait quelque religieuse dans l'embarras, elle lui disait : « Je vais prier votre bon Ange ; faites-le vous-même, bien sûr il vous aidera. » Elle n'omettait jamais, quand elle avait à traiter avec quelqu'un une affaire un peu épineuse, de députer son bon Ange vers la personne pour la prévenir en sa faveur.

Parmi les Saints, le disciple bien-aimé de Jésus, saint Jean l'Évangéliste, était un des plus chers à sa piété. Vierge, il était monté au Calvaire ; la veille, il avait reposé sur la poitrine du Sauveur et s'était enivré des chastes délices de son amour ! C'est tout dire.

Sainte Thérèse était sa patronne ; elle tâchait de l'imiter autant qu'il lui était possible. Étant jeune religieuse, elle était chargée du soin des oratoires ; et sa joie était de penser qu'elle faisait ce que sainte Thérèse avait fait elle-même. Mais comme cette illustre Vierge du Carmel, elle s'efforçait surtout d'embellir l'oratoire de son âme, pour faire plaisir à son Bien-Aimé. C'est cette pensée qui inspirait sa dévotion envers sainte Gertrude, qu'elle appelait sa bonne amie. On sait que Jésus s'était préparé une douce demeure dans le cœur de sainte Gertrude. La sœur Vincent connaissait ses écrits, elle avait adopté toutes les prières et pratiques pieuses de cette Sainte, quelques longues quelles fussent.

Nous ne finirions pas si nous parlions de toutes les dévotions de la Mère Vincent. Sainte Philomène, la bienheureuse Marguerite-Marie, recevaient ses hommages. Elle avait fait un petit calendrier des saints et des bienheureux qu'elle honorait d'une manière spéciale. Elle n'oubliait point d'invoquer les anciennes mères et sœurs de son institut, mortes en odeur de sainteté ; elle invoquait tous les jours M. Royer de

La Dauversière, son fondateur, ainsi que la vénérable Mère de la Ferre, première supérieure des religieuses hospitalières de saint-Joseph de la Flèche.

Chose remarquable! la ferveur de la sœur Vincent semblait croître, à mesure qu'elle vieillissait. Levée à quatre heures et demie du matin, même dans son grand âge, elle employait la journée entière à prier et à converser avec Dieu et ses Saints. Oui certes, elle a excellé dans la vertu de religion comme dans les autres, dont elle a donné constamment un si bel exemple ; et il nous est permis de placer dans sa bouche ces paroles de l'apôtre saint Paul, alors même qu'elle était sur la terre : *Notre demeure est dans les cieux.*

La Mère Vincent sanctifiait toutes les grandes fêtes, en s'y préparant par un *triduum* de prières. Au nombre de ces fêtes elle mettait l'anniversaire de son baptême, dont elle renouvelait en ce jour les promesses ; et ensuite ceux de sa première communion, de sa confirmation, de sa prise d'habit et de sa profession. Ce dernier anniversaire surtout était l'objet d'une grande préparation. Elle ne pouvait se lasser de remercier Dieu de la grâce qu'il lui avait faite en l'appelant à la vie religieuse. Elle était tellement recueillie dans ces occasions que les sœurs disaient agréablement : « N'essayons pas aujourd'hui de parler à notre Mère, elle ne nous entendrait pas. » Il fallait de graves motifs pour les décider à lui parler ; la vénérable Supérieure alors, dans un premier mouvement, faisait paraître qu'elle était contrariée de descendre sur la terre ; mais incontinent un gracieux sourire apparaissait sur ses lèvres.

La Mère Vincent avait des pratiques pour sanctifier chaque époque de l'année et chaque jour de la semaine. Elle faisait la grande neuvaine du saint En-

fant Jésus, qui commence le 23 octobre pour finir à la
Noël, et dure neuf semaines. Elle honorait alors les
neuf mois pendant lesquels la sainte Vierge a porté
dans son sein le divin Enfant. Ayant l'intention de
l'assister et de la soulager dans tous les services qu'elle
rendait soit à ses sœurs, soit aux pauvres malades, elle
lui disait naïvement : « Ma bonne Mère, ne vous fa-
tiguez pas, reposez-vous. Je ferai le travail à votre
place. » Le premier jour de l'an, elle se consacrait, avec
toutes ses filles, à la sainte Vierge et à saint Joseph,
afin de bien commencer l'année.

Dans le temps du carême, elle unissait son jeûne à
celui de Notre Seigneur ; et depuis qu'on lui défendit
de jeûner à cause de l'âge et des infirmités, elle offrait
au Père Éternel le jeûne de son Fils en compensation
du sien, faisant toutes ses actions en esprit de silence
et de recueillement en union avec Jésus au désert.

Ne pouvant détacher son esprit et son cœur de son
Époux bien-aimé souffrant et mourant pour nous, elle
faisait de ses semaines comme autant de semaines
saintes. Ainsi chaque mercredi, pour acheter Notre
Seigneur à la place des Juifs, elle offrait trente pratiques, qui consistaient en actes d'amour ou en petits
sacrifices.

Le jeudi elle disait dix-huit fois : *Loué soit Jésus-
Christ au Saint-Sacrement de l'autel !* pour honorer les
dix-huit siècles, écoulés depuis l'institution de cet
adorable mystère. Ce même jour, elle s'occupait, dans
l'après-midi, du dernier adieu que fit Notre Seigneur
à sa sainte Mère avant d'aller à la mort ; et se tenait
en esprit aux genoux de cette Vierge sainte pour la
consoler, comme un enfant console sa mère. Le soir
en se couchant, elle chargeait son bon Ange de tenir
sa place près de Jésus dans son agonie ; du reste elle
lui faisait elle-même fidèle compagnie.

En parlant de sa dévotion pour la passion de Jésus-Christ, nous avons vu comment elle honorait chaque jour les souffrances de Notre Seigneur. Le vendredi elle mettait encore plus de ferveur, s'il est possible, dans ses pieuses considérations : s'unir à Jésus mourant, c'était son grand attrait. Le samedi elle se réjouissait avec Marie de la résurrection de son Fils bien-aimé. Le samedi saint elle conduisait la Communauté à la chapelle de la Sainte Vierge, afin de la féliciter de la gloire que Jésus avait puisée au sein du tombeau.

Et les années, et les semaines, et les jours s'écoulaient pour la Mère Vincent parmi les pratiques de la piété la plus tendre, la plus sanctifiante, et la plus méritoire. Et ces pratiques, au lieu de la resserrer et de lui enlever la sainte liberté des enfants de Dieu, ne faisaient au contraire que donner plus d'expansion à son amour, en lui fournissant, à chaque minute, un nouvel aliment.

QUATRIÈME PARTIE

CHAPITRE I

Dernières années de la Mère Vincent.

La Mère Vincent passait donc les jours de son exil, les regards tournés vers le ciel, dans la prière et le dévouement, dans l'épreuve et dans l'amour, dans la pratique des plus hautes vertus. Mon Dieu ! sauf quelques souffrances particulières, et quelques grâces de choix, qui venaient de temps en temps mettre mieux en relief l'héroïsme de cette belle âme, on peut dire que son existence s'écoulait paisible et ignorée, semblable à un fleuve limpide, qui ne fait aucun bruit sur ses rivages. Mais qu'elle est sublime cette monotonie du cloître et de la charité, qui s'immole chaque jour !

En disant peu de choses de la vie de cette vénérable religieuse, nous avons tout dit ; qu'importe, en effet, le détail de quelques événements de plus ou de moins ? C'est la vie de l'âme qu'il fallait raconter, et celle de la sœur Vincent se résume dans ces deux mots de saint Paul : « *Vivre pour moi, c'est Jésus-Christ ; et mourir m'est un gain !* » Dès l'aurore de sa pieuse adolescence, elle avait pris la résolution de faire vivre et régner Jésus dans son cœur ; et plus elle avançait vers le terme, plus elle cherchait à disparaître, à s'immoler et à mourir à elle-même pour faire place au Bien-Aimé. Heureuse de se dire sa victime, et comme la captive de son amour, elle travaillait doucement à se dépouiller de la nature. Nous avons dit qu'au commencement de sa supériorité elle se montrait un peu trop austère pour la faiblesse de ses sœurs. Mais la grâce ayant ensuite assoupli ce que son caractère avait de raideur à cet égard, elle devint d'une condescendance extrême. C'était bien alors, en vérité, la mère dans les entrailles et la mansuétude de Jésus-Christ.

Les religieuses remerciaient le ciel de leur conserver si longtemps un modèle aussi accompli, et un trésor si précieux. Un triste événement faillit les leur enlever. Dans l'année 1863, la Mère Vincent fit une chute grave, en suite de laquelle elle eut une jambe cassée. Inutile de dire avec quelle patience elle supporta les douleurs de l'opération. Sa plus grande épreuve fut d'être reléguée pendant plusieurs mois dans l'infirmerie, loin des réunions de la Communauté, et de se voir privée de son pain de chaque jour, le Pain eucharistique. Tous les huit jours cependant on lui portait le saint Viatique. Mais la faim dévorante qu'elle avait de la sainte communion lui suggéra de proposer à ses sœurs de vouloir bien la descendre au chœur sur un fauteuil ; « car loin de Jésus, disait-elle, je languis; et je me meurs de faim, si je suis privée de la nourriture céleste. » En conséquence on disposa un fauteuil, auquel on avait adapté une planche de la longueur de sa jambe, ainsi que des roulettes ; et chaque matin, les religieuses descendaient leur digne Mère pour lui procurer l'immense bonheur de recevoir son Seigneur et son Dieu, caché sous les mystérieux symboles. Puis on put, par le même moyen, la faire assister à d'autres exercices de la Communauté. La Mère Vincent guérit, quoiqu'elle dût encore pour marcher avoir recours à des béquilles. Sur ces entrefaites, elle reçut au parloir la visite d'un révérend Père de l'ordre de saint Dominique, qui lui conseilla de faire une neuvaine à la vénérable Maria Taïgi pour l'entière guérison de sa jambe. Elle obéit à ce conseil, et à la fin de la neuvaine, elle quitta ses béquilles.

A l'épreuve Dieu fit bientôt succéder la consolation. La Mère Vincent était âgée de 71 ans. Le 21 juin de cette année, 1864, devait marquer le cinquantième anniversaire de sa profession religieuse. On voulut célébrer avec pompe et solennité ses noces d'or. Tandis que la Communauté dressait des arcs de triomphe et disposait des tapisseries, des festons et des guirlandes, elle répand avec abondance ses prières devant Dieu et prépare son cœur. Oui, elle peut dire avec le Roi prophète : « Mon cœur est prêt. ô mon Dieu, mon cœur est prêt ! » Elle va, ce lui semble, mettre le comble à son sacrifice et à son union mystique avec Jésus ; elle va, sur le bûcher de l'holocauste, chanter le *Consommatum est* de l'amour, Elle jubile ! le grand jour est venu. Une foule choisie et sympatique remplit l'église. Assisté d'un clergé nombreux, M. le vicaire général de Monseigneur l'Archevêque d'Avignon préside la cérémonie. Avant la sainte messe , on chante le *Veni Creator*, cette magnifique invocation au Saint-Esprit, que la vénérable sœur lui avait adressée journellement durant le cours de sa longue carrière. Au moment de communier, et pendant que l'Hostie divine rayonne encore entre les mains du prêtre, elle renouvelle les vœux de religion d'une voix vibrante d'émotion et de ferveur; et l'Eucharistie vient, sur sa poitrine, mettre le sceau à cette suprême consécration de tout son être à ce Dieu, qui avait réjoui sa jeunesse, et qui daignait en ce moment la faire refleurir. Et la Mère Vincent, comme la jeune épouse, porta toute la journée sur sa tête une superbe couronne de fleurs. Mais il fallut faire violence à sa modestie pour la lui faire accepter. N'avait-elle pas choisi pour sa part celle de son divin Époux? Cette couronne fleurie du cinquantième anniversaire vint la parer à sa mort et dans la tombe, tandis que les anges chantaient: *Venez, Épouse du Christ, recevez la couronne que le Seigneur vous a préparée pour l'éternité.*

Cette belle fête des noces d'or de la Mère Vincent fut suivie peu d'années après par une autre solennité, qui fit palpiter son cœur d'une joie extrême, parce qu'elle intéressait son cher Institut de Saint-Joseph. Cette Congrégation, fondée à la Flèche le jour de la sainte Trinité de l'an 1636, fut approuvée le 8 janvier 1666 par le Pape Alexandre VII. Le second centenaire de l'approbation de l'Ordre tombait dans le mois de janvier de l'année 1866. Dans tous les monastères des religieuses hospitalières de Saint-Joseph, on désira le célébrer d'autant plus solennellement que notre très-saint Père le Pape Pie IX venait d'approuver les Constitutions par une bulle en date du 12 mai 1865. La Mère Vincent, supérieure à cette époque, déploya tout son zèle pour faire briller cette fête. Non-seulement l'autel, mais le sanctuaire et l'église entière furent magnifiquement décorés. Dès la veille, un sermon et un Salut solennel attirèrent un grand nombre de fidèles, qui accoururent aussi pendant toute l'octave, et surtout le jour du centenaire, qui fut d'une splendeur et d'une édification ravissantes.

La Mère Vincent avait enfin obtenu sa retraite. Elle fut déposée pour la dernière fois de sa charge de supérieure dans l'année 1868. Elle reçut l'assurance qu'elle mourrait simple religieuse. C'était là toute son ambition. La vieillesse et les infirmités ne lui permettant plus que très-rarement de paraître dans les salles de l'hôpital, elle se dédommageait, comme nous l'avons dit, par la prière, qui ne tarissait presque plus sur ses lèvres. Alors plus que jamais elle remplissait les fonctions d'ange adorateur, lorsque le Saint-Sacrement était exposé, n'étant plus bonne, disait-elle, qu'à rester dans un coin. Il fallait la voir, par exemple, le Jeudi Saint, et le jour de l'Adoration perpétuelle. On ne pouvait l'arracher d'auprès de son Jésus ; elle y demeurait des heures entières à genoux, sans faire le moindre mouvement. On l'eût prise pour une statue, si de temps en temps un doux soupir n'était venu trahir les battements de sa tendresse. Pour la fête de Notre-Dame-des-Anges, elle était obligée de sortir et de rentrer pour gagner autant de fois l'indulgence de la Portioncule ; mais elle revenait sans cesse où l'entraînait le poids de son amour; dès la veille, et pendant presque toute la nuit, elle multipliait ses visites, afin de pouvoir donner davantage à la conversion des pécheurs et au soulagement des âmes souffrantes du Purgatoire.

Absolument abandonnée au bon plaisir divin, dont elle se nourrissait avec délices, alors même que l'aliment était amer, la Mère Vincent ne désirait plus rien, au ciel ni sur la terre, que le Bien-Aimé de son âme, dont la croix l'avait ravie, et dont les parfums l'attiraient en haut dans la patrie céleste.

CHAPITRE II

Sa dernière maladie.

On était arrivé au mois de janvier de l'année 1874, année de délivrance et de repos pour la vénérée Mère, année de tristesse et de séparation douloureuse pour ses filles. Trois jours de retraite précèdent la rénovation des vœux, qui a lieu le 23 janvier, fête des Épousailles de la Bienheureuse Vierge Marie avec saint Joseph. Quoique un peu fatiguée depuis quelques mois, la sœur Vincent rentra en recollection avec la Communauté, et suivit les exercices de ces trois jours avec une ferveur plus qu'ordinaire. On eût dit qu'elle pressentait qu'elle allait pour la dernière fois renouveler ses engagements sacrés.

Le jour même de la rénovation, il fallut l'aliter sous la menace d'une attaque qu'on put détourner heureusement. La fervente religieuse reçoit cette maladie comme l'annonce de sa prochaine délivrance ; et, dans cette pensée, elle se laisse aller aux plus doux transports d'allégresse. Elle entrevoit, ce lui semble, les rivages de la patrie. Son exil va finir !.. quel bonheur !.. Les actes du plus tendre amour se succèdent sur ses lèvres ; les élévations les plus embrasées montent de son cœur. Les quatre ou cinq premiers jours se passèrent pour les religieuses dans une pénible alternative de crainte et d'espoir. Le 28, le mieux parut se confirmer ; les sœurs lui témoignèrent leur joie. Alors prenant entre ses mains la petite statue du Sacré-Cœur de Jésus, elle se plaignit amoureusement à ce divin Sauveur, lui disant : « Mais, mon bon Jésus, je croyais que vous me prendriez avec vous, que j'aurais le bonheur d'aller jouir de vous, et puis vous ne me voulez pas ! Vous savez pourtant qu'il me tarde beaucoup de vous voir. » Un moment après, elle se plaignait à son entourage en ces termes : « Toujours je suis à la porte, et puis il faut que je me retourne, mais la sainte volonté de Dieu ! je veux m'y perdre et m'y abîmer ! »

Le lendemain, se trouvant plus fatiguée, elle demanda avec insistance le saint Viatique, quoique le danger ne fût pas imminent. On le lui porta pour lui faire plaisir. Dire sa joie et son ravissement dans cette mystérieuse entrevue avec son Bien-Aimé, c'est chose impossible. Le jour suivant, elle le redemanda encore ; sa soif pour la communion ne pouvait être apaisée. L'obéissace seule aux règles établies par l'Église put la calmer.

Le 30 janvier dans la nuit, la sainte malade entra dans un état léthargique, dont rien n'était capable de la tirer. C'est en vain que sa supérieure la remuait et lui parlait du bon Dieu ; elle demeurait insensible. Grande était la désolation des sœurs. A bout d'expédients, on a recours à Marie, et on lui met dans la bouche quelques gouttes d'eau de N.-D. de Lourdes. Au même instant, elle semble se réveiller comme d'un profond sommeil, et elle accepte avec joie la proposition qu'on lui fait de recevoir le saint Viatique et l'Extrême-Onction. Quel touchant spectacle ! En présence de Jésus qui vient la visiter, la nourrir de sa substance adorable, et la fortifier pour les derniers combats, elle fait, d'une voix distincte et d'un accent convaincu, sa profession de foi, elle renouvelle ses vœux, et avec une grâce onctueuse et une humilité profonde demande pardon à la Communauté rassemblée autour de son lit.

Les sœurs pleuraient; mais elle avait sur sa bouche un céleste sourire, son visage était radieux. « Je me jette entre les bras de mon Époux, disait-elle, il est tout à moi, et je suis toute à lui. » Pendant qu'on lui faisait les onctions, elle disait : « Pardonnez-moi, mon Dieu, tous les péchés que j'ai commis par tous mes sens ; j'ai offensé votre majesté, mais vous savez que j'en ai regret, que c'est par fragilité, ce sont des misères et des infidélités que je déplore de tout mon cœur.» La journée se passa dans de suaves élans d'amour.

Le lendemain matin elle entra, pour ainsi dire, dans une sorte de ravissement. A cinq heures, la Supérieure s'étant rendue à l'infirmerie, fit prendre à la malade un peu de bouillon; tout à coup, elle s'arrête de boire et s'écrie : « Oh! qu'elle est belle! — Qui voyez-vous ? lui demande la Mère — La Sainte Vierge ! — Où donc est elle? — Là devant!.. mon Dieu! Ma bonne Mère, que vous êtes belle ! — Dites-lui de nous bénir. — Ma bonne Mère, continue-t-elle avec tendresse, bénissez notre Mère, et toutes les sœurs qui sont là. » Et pendant quelques instant elle répète : « Oh! qu'elle est belle! » Était-ce un effet d'exaltation fiévreuse ? ou mieux encore, n'est-il pas permis de croire que Marie se montrait à la sainte religieuse ? Du reste les sœurs qui ont vécu avec elle, assurent que ces visions lui ont été familières, et que l'auguste Vierge, entre autres, lui apparut une fois pour la consoler d'une inquiétude qu'elle avait au sujet d'une sœur.

Le médecin étant entré, un peu plus tard, lui demande comment elle est : — « Je suis toujours là comme victime, répond-t-elle, comme une hostie vi-

vante, prête à être immolée au bon plaisir de Dieu. »
Dans la matinée une sœur la surprit, parlant à ses deux
petites statuettes du Sacré-Cœur et de N.-D. de Lourdes. « Je passerai, disait-elle, par le cœur de Marie,
pour aller dans celui de Jésus !.. Oh! la douce voi-
ture pour aller au ciel ! » — « Pas encore le ciel, lui dit
la sœur » — « Et que voulez-vous que je fasse ici?
Quand on est malade, on ne peut que dire : Mon Dieu?
voilà votre victime! immolez-la comme il vous plaira ;
elle vous appartient. » Puis s'adressant à N.-D. de
Lourdes : « Vous qui êtes si belle et que j'aime tant,
dites à votre Fils qu'il me fasse miséricorde, dites-lui
ainsi : Mon Fils, regardez-la d'un œil de compassion,
et en ma considération recevez-la dans votre cœur. » La
Supérieure lui présenta alors la petite statue de saint
Joseph et lui dit : « Vous ne lui avez rien dit encore,
à notre bon père saint Joseph ! » — Oh! que si !... tous
les jours je lui dis quelque chose. » Et la baisant
affectueusement : « Mon bon père, vous que j'aime
tant, aimez-moi un peu, bénissez-moi, défendez-moi
devant mon juge. Oh! oui, sous les auspices de ma
bonne Mère et de mon bon Père, je ne puis pas périr! »
et elle commença ses allégresses qu'elle récita en entier, sans se tromper d'un seul mot.

Mais la Mère Vincent ne devait pas sitôt quitter la
terre ; Dieu voulait la laisser encore quelque temps à
ses chères filles, pour donner à celles-ci le spectacle de
la vertu la plus parfaite. Il entrait dans les desseins de
la Providence de la purifier encore par l'épreuve et la
douleur, avant de la couronner. Les cœurs se laissèrent
aller à l'espérance ; on crut la voir revenir bientôt à
son état habituel. En remarquant la joie des sœurs et
l'ardent désir qu'elles lui témoignaient de la garder
encore, la vénérée Mère sembla se rattacher de nou-

veau à la vie; et après avoir entrevu avec tant d'allégresse la fin de son exil, elle en vint à désirer de la
voir se prolonger pour éviter à ses filles la douleur de
la séparation.

On avait fait disparaître les symptômes de l'attaque
qui avait failli la leur enlever ; mais alors survint une
gastrite, qui la tint pendant cinq mois dans un état
continuel de souffrances, et qui finit par la conduire
au tombeau. Un dégoût profond et universel pour
toute espèce de nourriture et de boisson s'empara
d'elle. Elle avait une langue noire qu'aucun remède
ne pouvait soulager. Néanmoins, elle acceptait tout
ce qu'on lui offrait sans formuler aucune plainte, et
si parfois une répugnance invincible l'empêchait de
pouvoir le prendre, elle disait ; « Regardez comme je
suis insupportable ; je ne puis jamais faire ce qu'on
désire ; je veux obéir cependant, je veux faire ce que je
pourrai. » Et effectivement elle faisait les plus grands
efforts pour se soumettre, soit à sa jeune infirmière,
soit à tout ce que prescrivait le médecin. Aussi, le
docteur ne pouvait s'empêcher d'admirer la patience
de la vénérée malade ; il était ravi en sortant d'auprès
d'elle, et il disait aux sœurs en descendant de l'infirmerie: « Je voudrais bien, par les industries de l'art,
vous conserver celle qui fait à si juste titre votre joie
et votre consolation; c'est vraiment une précieuse
personne, on voit en elle du céleste. »

Mais tous le soins les plus dévoués et les plus tendres ne devaient pas opérer sa guérison; Dieu allait
bientôt récompenser sa fidèle servante.

CHAPITRE III

Le jardin des Olives avant le ciel.

Toutefois, avant de la couronner, le bon Maître voulut, en la faisant passer par une dernière et sensible épreuve, achever de se la rendre conforme. Il la fit donc descendre de son Thabor, et la mena dans le jardin de Gethsémani pour l'abreuver du fiel amer du calice. Il permit qu'au moment où la vie échappait à cette vertueuse sœur, elle sembla s'y rattacher davantage. « Que vous êtes heureuses, disait-elle quelquefois alors aux religieuses, de pouvoir marcher, d'aller au chœur ; et moi toujours sur mon lit ! » Mais sa dernière expression était celle de la résignation la plus profonde et de l'abandon le plus complet ; et elle murmurait doucement le *Fiat* qui lui était si familier. Dans cette lutte entre la nature et la grâce, c'est celle-ci qui finissait toujours par l'emporter.

Et cependant, privée intérieurement de toute consolation, plongée, comme Jésus agonisant, dans un abîme de délaissement et de tristesse, la Mère Vincent ne voyait plus en Dieu qu'un juge sévère prêt à la frapper. La confiance semblait s'être évanouie en elle pour faire place à un sentiment de crainte et de terreur, qui la dominait tout entière. Elle ne sentait plus les douceurs de l'amour divin, et sa vie ne lui paraissait plus qu'une longue chaîne de fautes et d'infidélités. Alors, elle ne savait où cacher sa honte et sa

misère !.. En vain cherchait-on à la rassurer en lui
disant qu'elle avait fidèlement servi le Seigneur. « Oh !
ne me dites pas cela, répondait-elle, car je n'ai rien
fait ! » Un jour entre autres, qu'elle était plus peinée
qu'à l'ordinaire, il fallut faire venir son confesseur
pour la rassurer. Ah ! c'est que le sentiment de la
sainteté de Dieu non moins que celui de sa justice
était tombé sur elle comme une flamme dévorante.
Les sœurs ont appris depuis que Dieu, nous ne savons
de quelle manière, s'était montré à elle dans toute sa
grandeur, et qu'elle s'était vue telle qu'elle était. Cette
vision l'avait abîmée dans son néant; et on l'entendait
répéter souvent dans la journée: « Que vous êtes
grand, mon Dieu! que vous êtes grand! et que je
suis petite ! » Cette vue des perfections de Dieu en
dehors de sa bonté infinie, a toujours été pour les
âmes saintes, un martyre indicible. Elle les a toujours
écrasées comme la meule vient moudre le froment.
« Quel délaissement, ô mon Dieu ! quel abandon ! »
s'écriait parfois dans sa douleur la sainte malade.
C'était bien le cri de Jésus en croix : *Mon Dieu, mon Dieu,
pourquoi m'avez-vous abandonné ?* Et dans son inquiétude, elle demandait quelques paroles de consolation
à celles qu'elle avait elle-même tant de fois consolées,
les remerciant ensuite, avec toute l'effusion dont son
grand cœur était capable, d'avoir ranimé sa confiance
en Dieu.

Le Seigneur achevait de purifier cette belle âme
par les peines intérieures, et par les souffrances du
corps à la fois. Mais son abandon était vraiment admirable. « Mon Dieu ! disait-elle souvent, je veux tout
souffrir, puisque vous le voulez, vous que j'aime
tant ! »... « Le bon Jésus m'a clouée à la croix, disait-
elle encore, mais elle est bien douce cette croix, en

comparaison de la sienne; j'en ai bien mérité davantage... Non, mon Dieu, je ne veux pas me plaindre,
et je ne voudrais pas avancer d'un moment l'heure de
ma mort. O Marie ! ô Joseph ! arrachez-moi des mains
du démon, si j'ai le malheur d'y être, et emportez-moi
dans le Cœur de Jésus ! » Combien l'humilité, la confiance et l'amour se révèlent dans ces paroles !

Cependant le ciel de son âme redevenait serein. La
lumière et la joie avaient refoulé les ténèbres. Il est
écrit que Dieu ne laisse pas l'âme juste dans une fluctuation perpétuelle. Dieu se fit sentir de nouveau à la
Mère Vincent. Une de ses peines, pendant sa maladie,
avait été de ne pas sentir la présence divine de Jésus,
une fois qu'elle communiait; elle l'attribuait à son in-
dignité. L'Eucharistie devait être tour à tour sa félicité et son tourment. La privation de la communion
la fit cruellement souffrir étant malade; les lois de
l'Église, comme les règles de l'Institut, ne permettant
pas de recevoir chaque jour le Saint Viatique. Quelquefois alors pour communier, elle s'est abstenue de
boire, nonobstant la sécheresse extrême de sa langue
et de son gosier. Que n'eût-elle pas fait pour s'unir au
Bien-Aimé de son cœur ! Cependant elle obtint la permission de pouvoir le recevoir plusieurs fois dans la
semaine. Le jour de la Sainte Trinité, elle n'avait pas
eu ce bonheur : « Mettez-vous là à mon côté, dit-elle à
l'infirmière, qui venait de faire le sainte Communion,
mettez-vous là, afin que j'adore Jésus dans votre cœur;
je suis indigne de le recevoir, il faut que je fasse pénitence. Je me soumets à tout, mon Dieu, pourvu que
vous me fassiez miséricorde. Je voudrais mourir de
douleur de vous avoir offensé. » Le jour de la fête du
Saint-Sacrement elle dit à l'infirmière : « Allez, ma
sœur, à la porte du chœur, et dites à Jésus que je veux

bien souffrir en esprit de réparation, afin qu'il m'ouvre son Cœur sacré. » « Mon Dieu ! ajoutait-elle, vous êtes bien offensé !.. il vous faut des victimes. Je suis heureuse d'en être une. S'il vous plaît de m'envoyer davantage de souffrances, je les recevrai pourvu que vous me donniez la force de souffrir. »

La Mère Vincent parlait de l'abondance de son cœur, enivré de la croix, et embrasé d'amour. Puis, elle s'oubliait pour penser à ses filles et aux autres maisons de son Institut, qu'elle savait dans l'épreuve. « Ma Mère, disait-elle, affectueusement à la jeune Supérieure qui l'avait remplacée, ma Mère, ayez bon courage, le Cœur de Jésus ne vous abandonnera pas ; il répandra ses grâces sur la Communauté. Notre bon père saint Joseph vous aidera en tout, il vous protégera. Si Dieu daigne me faire miséricorde, je prierai et vous rendrai tout ce que vous me faites. »

Une fois, pressée d'adresser quelques paroles édifiantes aux religieuses, elle se contenta de leur dire, pour ne pas blesser sa chère humilité : « Aimez vos règles, surtout celle de l'union. Sachez vous gêner pour les observer. Soyez soumises à vos supérieures ; adhérez à tout ce qu'elles disent et font ; lors même qu'elles auraient tort, agissant ainsi, vous serez toujours heureuses. Soyez bien dévotes au Sacré-Cœur de Jésus, car il a permis lui-même que le nom de celui qui lui serait dévoué serait inscrit dans son cœur. Honorez notre bon père saint Joseph ; je me reproche de ne l'avoir point fait assez. réparez pour moi. Aimez bien N.-D. de Pitié ; ne passez pas un seul jour sans lui faire une visite ; elle vous protégera en retour. »

Dans les derniers jours de sa vie la vertueuse Mère ne parlait presque plus. On lui demandait une fois pourquoi elle ne disait rien. « Je parle à Jésus, répondit-elle, je m'unis à son cœur. J'acquiesce à tout ce qu'il demande de moi. Je m'abandonne toute à son bon plaisir... Je suis sa victime, mais je le veux de tout mon cœur. »

CHAPITRE IV

Mort de la Mère Vincent. — Opinion de sa sainteté.

Évidemment l'heure de la consommation était proche. La douce et pure colombe allait prendre son vol.. Le mercredi, 24 juin, le troisième jour avant sa mort, la Mère Vincent reçoit encore le saint Viatique ; on lui renouvelle le sacrement de l'Extrême-Onction. Son bonheur est si grand, en mangeant pour la dernière fois dans l'exil le pain de la patrie, qu'elle entre dans une extase d'amour, d'où elle n'est plus sortie. Son lit ressemble à un autel ; elle s'était fait apporter tous ses objets de dévotion, qui étaient nombreux. Elle prie en silence, le crucifix en mains, le sourire sur les lèvres ; elle est ravissante. Quelle céleste vision vient alors la charmer ? Est-ce le Bien-Aimé lui-même ? on l'ignore ; mais elle s'écrie avec un délicieux transport : « J'ai vu ! oh ! que c'était beau ! oh ! que c'était beau ? » Les sœurs n'osent interrompre ses tendres colloques avec son Dieu, qui semble absorber toutes ses facultés et toutes ses puissances. Cependant la Supérieure se hasarde de lui dire : « Ma sœur assistante, bénissez vos filles ! » Elle répond aussitôt avec humilité : « Ce n'est pas à moi à le faire. » — « Allons ! par obéissance, bénissez-nous, ajoute la Mère. » Et levant aussitôt sa belle et défaillante main, elle leur donna sa bénédiction. Impossible d'exprimer l'expression céleste de son visage en ce moment. Mais une partie des sœurs ne s'y trouvant point alors, elles accourent toutes les unes après les autres pour être bénies à leur tour par leur sainte et bien-aimée Mère ; et celle-ci, presque mourante, pendant près d'une demi-heure ne cesse de donner des bénédictions. La Supérieure lui en fait donner une ensuite à chacune des maisons et à l'Institut en général, et enfin une à toute la ville, toujours en vertu de l'obéissance.

Le jeudi, veille de sa mort, elle prie avec encore plus de ferveur, s'il est possible. Ainsi le divin Maître dans l'agonie du Jardin prolongea sa prière. La raideur de la langue ne lui permettant plus d'articuler aucun mot, elle se plaisait à égrener son chapelet. Ah! son chapelet! Lorsque durant sa maladie, on lui disait de ne pas le réciter aussi souvent pour ne point se fatiguer : « Laissez-moi, répondait-elle, c'est la chaîne de l'amour qui m'unit à Jésus par Marie ; cela me délasse. » Et maintenant à la veille de briser les liens, qui la tiennent encore sur la terre, elle veut s'enchaîner amoureusement au ciel au moyen de son chapelet. Pendant la récréation du midi, elle dit à une sœur qui se trouvait auprès d'elle : « Ma sœur quand on a fini le chapelet, on dit les litanies. » Celle-ci les commence aussitôt. La sainte mourante, presque à l'agonie, répond avec une ferveur digne d'admiration. La journée entière s'écoule dans les transports de la même ferveur. On remarque parfois qu'à mesure qu'elle respire, elle répète à chaque fois le saint nom de Jésus. En vérité chacun des battements de ce cœur qui allait se briser devait être un acte d'amour. Et il est permis de croire que la vénérable Mère Vincent, à l'exemple de quelques âmes privilégiées, a succombé sous le poids de sa charité; et que non-seulement elle est morte dans l'amour de Dieu, mais encore par la force et la vertu de ce même amour. Cette mort, qui fut celle de la bienheureuse Vierge Marie est le plus ravissant spectacle que la terre puisse présenter aux regards de Dieu et de ses Anges.

Le moment solennel approche. C'est un vendredi du mois du Sacré-Cœur, jour mille fois béni pour une âme qui a su souffrir et aimer. Il est quatre heures du matin. La Supérieure, qui n'a pas quitté depuis deux nuits le chevet de la mourante, s'aperçoit que la respiration devient plus pénible; aussitôt, au son de la cloche, elle fait appeler la Communauté, toute désireuse de recevoir son dernier soupir. L'infirmerie ressemble à un sanctuaire; en y entrant, les religieuses sont pénétrées d'un sentiment profond de respect, car ce n'est pas une créature mortelle, ce semble, qui l'habite, mais une sainte.

Elle est là, étendue sur son lit, tenant un cierge béni d'une main, et de l'autre son crucifix qu'elle presse sur son cœur comme un bouquet de myrrhe : Elle avait, ce semble, attendu ses sœurs pour entrer en agonie. Mais cette agonie n'a rien d'effrayant, elle ressemble plutôt à un doux sommeil; car les horreurs de la mort n'ont osé approcher d'elle.

La Communauté, agenouillée autour de son lit, prie, et éclate en sanglots; elle seule sourit à la mort, qui va la mettre en possession de celui pour qui elle avait vécu uniquement. C'est le sourire, à son dernier jour, de la femme forte, qui a triomphé de la chair et du monde, et qui s'en va, la palme et le lis à la main, suivre dans le ciel l'Agneau vainqueur. Puis, sans aucun mouvement pénible, sans aucun râle, comme le fruit mûri par le soleil qui tombe sans secousse de l'arbre, cette âme si pure, mûrie par l'amour divin, se détache doucement de son corps mortel; et la

Vierge fidèle s'endort paisiblement du sommeil de la mort, dans les bras du céleste Époux. C'était vers les quatre heures et demie du matin du vendredi 26 juin, dans ce beau mois consacré au Cœur de Jésus. La Mère Vincent était âgée de 85 ans, 1 mois et 11 jours. Elle avait passé dans le cloître 62 années de sa belle et longue existence. Fallait-il prier pour elle, ou bien l'invoquer? Voici le témoignage que ses sœurs ont rendu de leur vénérée Mère après sa mort ; voici leurs propres paroles :

« Pendant les 57 heures qui se sont écoulées du moment de son décès à celui de l'inhumation, nous n'avons pu remarquer la moindre altération dans les traits de cette belle figure, pas même une seule ride ; c'était toujours la même expression de noblesse et de bonté que pendant sa vie. Bien plus, comme si son corps eût dû, dès à présent, participer à la gloire de son âme, nous n'avons pu constater dans ce corps mort aucun signe de décomposition. » Voici du reste comme pièce justificative la copie du procès-verbal, dressé légalement par M le docteur Félix, médecin en chef de l'Hôpital et de la Communauté,

« Je soussigné, docteur en médecine, chevalier de la Légion d'honneur, médecin en chef de l'hôpital de l'Isle, atteste et certifie, comme étant l'expression de la vérité, que le vingt-huit juin, à neuf heures du matin, sur l'invitation de Madame la Supérieure du couvent, j'ai visité le corps de la Mère Vincent, morte le vingt-six à quatre heures du matin, exposé dans le chœur du couvent, et que tout en constatant les signes certains de la mort, j'ai remarqué la flexibilité des membres ; et ce qui m'a le plus frappé, c'est l'absence complète de toute odeur, de tout signe de décomposition, malgré le temps écoulé depuis la mort, et cela malgré les fenêtres fermées, les cierges allumés, la présence de plusieurs sœurs en prière nuit et jour, et surtout malgré deux nuits d'orage ; toutes conditions qui auraient dû inévitablement hâter la décomposition du corps.

En foi de quoi j'ai signé le présent certificat, que j'affirme conforme à la vérité.

L'Isle sur la Sorgue, 30 juin 1874.

FÉLIX, docteur en médecine.

A peine la nouvelle de la mort de la Mère Vincent fut connue, que toute la ville se trouva dans le deuil et fit l'éloge de ses vertus ; une foule de pieux fidèles ne cessèrent d'affluer dans la chapelle de l'hôpital, et vinrent s'agenouiller devant la grille du chœur, où la digne Mère était exposée, moins pour recommander à Dieu cette belle âme, que pour vénérer et invoquer celle que tout le monde s'accordait à regarder comme une sainte ; et pendant ce même temps, il a fallu qu'une sœur se tînt constamment auprès de la grille pour faire toucher à ses restes vénérés des chapelets et autres objets de dévotion. Enfin le dimanche, 28 juin à 2 heures après-midi, le clergé, précédé de toutes les notabilités de la ville et d'une foule innombrable, se pressait dans la modeste église, pour procéder à la cérémonie des obsèques. Avant d'entonner le chant de l'absoute, M. Jalat, curé doyen de la paroisse, monta en chaire, et fit, en termes éloquents et pleins d'onction, l'oraison funèbre de la Mère Vincent. Certes, le pieux Pasteur connaissait bien cette âme sublime, dont il était depuis près de 30 ans le confesseur, et pourtant il disait : « Je ne me flatte pas de vous dévoiler tous les secrets de la vie de cette bienheureuse

Mère; les **Anges** seuls pourraient nous le dire : non ce n'est pas en mon pouvoir. » Dans la péroraison, l'orateur ne craint pas de l'invoquer, pour ainsi dire : « O Mère Vincent, s'écria-t-il, dont nous contemplons les admirables restes dans ce froid cercueil, ah ! votre âme sainte et virginale est auprès du divin Époux. Vous avez entendu la troupe des Vierges, qui le suivent, vous adresser ces ravissantes paroles, qu'elles chantèrent pour vous au jour de votre consécration, il y a 60 ans : *Veni, sponsa Christi, accipe coronam, quam tibi Dominus preparavit in æternum.* « Venez, Épouse du Christ, recevez la couronne que le Seigneur vous a préparée pour l'éternité. » Oui, vous l'avez méritée ; votre front virginal en est ceint, nous en avons la confiance ! Priez pour nous, pour nous encore exilés sur cette terre. »

« Priez pour vos chères filles que vous avez tant aimées, que vous avez formées à la pratique de toutes les vertus ; priez pour cette paroisse que vous avez tant édifiée, et qui vous a voué un sentiment profond de respect, d'affection et de reconnaissance ; priez pour le triomphe de la sainte Église et de son auguste chef, priez pour la prospérité et le bonheur de la France. »

Le convoi de la Mère Vincent ressemblait plutôt à une magnifique ovation qu'à une cérémonie funèbre : c'était vraiment le triomphe de la vertu et de la sainteté. Oui, *la mort des Saints est précieuse devant Dieu* ; en quittant cette terre d'ici-bas, ils laissent après eux un parfum qui attire, et un éclat qui ravit.

Un concert unanime de regrets et d'admiration pour ses vertus accueillit la nouvelle de la mort de cette vénérée Mère, soit auprès des personnages qui la connaissaient particulièrement, soit dans les divers monastères de l'Institut. Les sœurs de L'Isle en reçurent de nombreux témoignages, qui vinrent adoucir leur douleur, en les confirmant dans la pensée qu'elles avaient au ciel désormais une puissante protectrice. Nous ne citerons, en preuve de cette admiration, que ces lignes d'un père de la compagnie de Jésus, un de ses directeurs, et c'est par là que nous terminerons cette notice sur sa vie et ses vertus :

« Je comprends votre douleur, vos regrets sous le poids du sacrifice que Dieu a demandé à votre Communauté. Quelle sainte âme il vous a prise pour la mettre dans son paradis !

« J'ai voyagé beaucoup, j'ai rencontré de belles âmes sur mon chemin, mais bien rarement j'en ai trouvé de cette trempe, de cette énergie, de cette fidélité généreuse. Si elle ne l'a pas fait, je regrette de ne lui avoir pas ordonné d'écrire sa vie et de relater bien des grâces extraordinaires qu'elle avait reçues de Dieu. J'en avais eu la pensée, j'avais même sondé le terrain une fois, mais je reculai en voyant ce qu'il en coûtait à son amour de la vie cachée et de l'humilité. »

FIN

TABLE

DES MATIÈRES CONTENUES DANS CE VOLUME

PREMIÈRE PARTIE.

DEUXIÈME PARTIE.

TROISIÈME PARTIE.

QUATRIÈME PARTIE.

249

www.ingramcontent.com/pod-product-compliance
Lightning Source LLC
Chambersburg PA
CBHW051718090426
42738CB00010B/1964